BESTSELLER

JACOBO GRINBERG-ZYLBERBAUM

PSICOLOGÍA AUTÓCTONA MEXICANA

DEBOLS!LLO

Título original: ***Psicología autóctona mexicana***

ISBN: 979-889-098-749-5

Impresión digital bajo demanda

156016905

ÍNDICE

JACOBO GRINBERG-ZYLBERBAUM: EL QUIJOTE DE LA CIENCIA

Por Emiliano Ruiz Parra

Jacobo Grinberg nació el 12 de diciembre de 1946 en la Ciudad de México, en una familia de inmigrantes que habían escapado de las persecuciones antisemitas en Europa del Este. Estudió Psicología en la Universidad Nacional Autónoma de México (UNAM) y un doctorado en Neurociencias en la Universidad de Nueva York.

Jacobo Grinberg es uno de los mexicanos más desafiantes de la segunda mitad del siglo XX. Eligió el cerebro humano como tema de investigación y se propuso responder a la pregunta de dónde proviene *la experiencia*, es decir, cómo se construye la realidad en la mente. Esa respuesta lo llevó a formular la *teoría sintérgica* (*sintergia*, neologismo derivado de *síntesis* y *energía*), de la que se hablará más adelante.

Grinberg fue un hombre de ciencia, obsesionado con las mediciones objetivas y puntuales, los experimentos y las comprobaciones de laboratorio. Esa obsesión, sin embargo, no le impidió cruzar fronteras: conoció y divulgó los supuestos dones de los chamanes indígenas como Pachita, que realizaba trasplantes de órganos con un cuchillo de monte. Se tomó en serio las escuelas místicas, en especial la cábala judía y el budismo tibetano; estudió y practicó la meditación y el yoga. Sus intereses intelectuales quedaron registrados en más de 50 libros. Fue un autor prolífico que lo mismo escribió textos científicos que cuentos, novelas y una autobiografía.

En diciembre de 1994 Jacobo Grinberg desapareció. Nunca fue localizado y las autoridades no obtuvieron mayores pistas de su paradero ni de los posibles responsables de su secuestro. Su repentina ausencia provocó, primero, una temporada de olvido. Grinberg no era bien visto por la comunidad científica de su época y durante años había soportado acusaciones de charlatanería y falta de rigor científico. Con el tiempo, sin embargo, se ha formado un público dispuesto a las propuestas del doctor Grinberg. Quien se aventure a leer sus libros encontrará a un autor audaz, a un científico que cruzó fronteras y, sobre todo, a un ser humano que buscó la libertad en cada palabra escrita.

El ortodoxo

Antes de convertirse en un científico de mente abierta, Jacobo Grinberg fue un hombre de normas y estructuras tradicionales. Cuando era joven, escogió como mentor al profesor más rígido y exigente de la carrera en Psicología: el médico y neurofisiólogo Héctor Brust Carmona. "Se convertiría en la influencia más importante de mi vida —escribió el propio Grinberg—, mi ser reconocía en Brust la figura paterna que mi inconsciente anhelaba".

En los sesenta los estudios de psicología habían surgido dentro de la Facultad de Filosofía y Letras de la UNAM, que bullía entre movimientos de izquierda, pensadores existencialistas y jóvenes en pleno despertar político y sexual. El plan de estudios incluía materias más duras, como la psicofisiología, y los estudiantes debían caminar a la Facultad de Medicina a tomarlas. Entre esos profesores estaba Brust Carmona.

"Me burlaba de las emociones, considerándolas muestras de debilidad —escribió Grinberg en su autobiografía *La batalla por el templo* (1991)—, el impulso a ser admitido me perseguía siempre". Después de rigurosos exámenes, el joven Grinberg entró como aprendiz al laboratorio que dirigía Brust Carmona y se vestía siempre de bata, traje y corbata. Tanto en el laboratorio como en su vida matrimonial "todo debía vivirse de la misma forma, sin desviación alguna", recordó después. El joven Jacobo —al igual que Brust Carmona— estudiaba el núcleo caudado del cerebro: justo la parte del órgano que regula el control.

En esa época se aceptaba y practicaba la experimentación con animales. En el laboratorio de Brust lo hacían, sobre todo, con gatos. Se les abría la cabeza, se les conectaban ánodos y cátodos en el cerebro, y se les estimulaba con proteínas. Lizette Arditti, quien fue su primera esposa, me cuenta que el examen profesional de Jacobo provocó conmoción. Llevó a un gato con electrodos en la cabeza. El auditorio se crispó cuando el michi enseñó los colmillos después de que le estimularon la amígdala (un núcleo subcortical en el cerebro). En ese entonces, escribió Grinberg, "solo aceptaba los resultados de experimentos controlados". Aprendió a dominar las artes quirúrgicas, el registro encefalográfico y el método experimental. Y comprendía la física cuántica, central para sus teorías de madurez.

Y llegó 1968, ese año que subvirtió a las juventudes en diversas ciudades del mundo y, por supuesto, en la Ciudad de México. Para ese entonces, Jacobo ya empezaba a cuestionarse sus ideas sobre la vida. Y dio el paso: al igual que cientos de miles de jóvenes universitarios, se sumó al movimiento estudiantil. "Me gustaban las normas —reflexionó después— pero también empezaba ya a anhelar un cambio de estructuras". La tarde del 2 de octubre tenía planeado acudir a la marcha a Tlatelolco, pero uno de los gatos del laboratorio sufrió una crisis y Jacobo pasó horas dándole respiración de boca a boca y eso le impidió llegar a la marcha que devino en masacre. En los días que sucedieron a la matanza de las Tres Culturas, Jacobo acudió a cuidar a los gatos en medio de una universidad tomada por los soldados.

"Empecé a sentir una necesidad imperiosa de libertad y todo el control que me había impuesto comenzó a resquebrajarse, dentro de mí hervía la inquietud y el deseo de algo desconocido". Su atuendo sufrió cambios: guardó la corbata y comenzó a usar guayaberas, mezclilla y tenis.

La madre

Hay un tópico que se repite en los textos acerca de Jacobo Grinberg: el impacto que le provocó la muerte de su madre. El niño Jacobo tenía 10 años y cuidó a su mamá en su agonía, en la casa familiar de la calle Sócrates, en la colonia Polanco. Él mismo se pregunta si esa orfandad lo llevó a estudiar el cerebro, pues su madre falleció de un tumor cerebral.

"Yo pasaba mucho tiempo solo cuidando a mi mamá; pensaba yo mucho y pensaba en las distintas dimensiones del mundo", le contó a su amigo Juan José Sánchez Sosa.

Sin ese cimiento que era Estusha Zylberbaum, la familia quedó a la deriva, en manos de un padre violento y de una nana, Petra, que cuidó a los pequeños hermanos Nathán, Jacobo y Gerardo Grinberg, de acuerdo con el relato autobiográfico del propio Jacobo.

En un ambiente doméstico sofocante, Jacobo Grinberg se matriculó en la licenciatura en Física en la Facultad de Ciencias de la UNAM. Y se inscribió en un grupo sionista: quería emigrar a Israel. En ese grupo conoció a Lizette Arditti. Jacobo, recuerda Arditti, era un muchacho lector y muy intelectual, que desde entonces lucía una larga y cerrada barba negra. En unos meses se instalaron como trabajadores agrícolas en un kibutz a escasos 500 metros de la Franja de Gaza —uno de los kibutz atacados por Hamas el 7 de octubre de 2023.

"Descubrimos el amor con mucha libertad. No estaban nuestros padres para decirnos así sí o así no. Era una exploración hermosa y muy libre", recuerda Arditti más de medio siglo después. Arditti lo sigue llamando Jaco, como le decía de cariño cuando eran novios.

Un año después, Grinberg volvió a México. Su padre había tenido otro hijo con una nueva esposa: un niño "que era una hermosura", como recuerda el propio Grinberg. Ese pequeño se convertiría en el célebre actor Ari Telch. Arditti regresó también a la casa de sus padres, en Guadalajara. Jacobo la visitaba cada que podía. El propio Grinberg cuenta en sus páginas autobiográficas que era tímido y se quedaba callado en las comidas con sus suegros. Pronto abandonó la física porque reparó que las matemáticas no eran su fuerte, se matriculó en la carrera de Psicología y consiguió trabajitos como ayudante de maestro y auxiliar de laboratorio. Su amigo y también estudiante de Psicología Juan José Sánchez Sosa recuerda que ambos trabajaban en el laboratorio de la Preparatoria 4, al poniente de la Ciudad de México. Con una mínima autonomía económica, el 25 de septiembre de 1968 Jacobo y Lizette se casaron en la sinagoga de la calle Monterrey, en la colonia Roma de la Ciudad de México. Lo celebraron con un brindis en la casa de los padres de Arditti, que se habían mudado a la Ciudad de México. En 1971 nació Estusha Grinberg, la única hija de Jacobo y Lizette.

Jacobo era un muchacho bajito y regordete de —más o menos— un metro sesenta de estatura. "Un osito", como lo recuerda Juan José Sánchez Sosa. Un joven de buen sentido del humor, que contaba chistes.

"Lo recuerdo muy claramente como alguien excepcionalmente despierto. Muy perceptivo. Era optimista y muy cercano interpersonalmente. Ponía mucha atención a lo que estaba uno diciendo, lo pensaba, lo comentaba e interactuaba a partir de eso", me dice Sánchez Sosa en su laboratorio de la Facultad de Psicología, de la que es profesor emérito.

Grinberg empezó a cuestionarse ideas incluso desde su propia vida personal.

"Abrazaba a Lizette, pero soñaba con otras mujeres", escribió Grinberg en su autobiografía.

"Era todo muy lindo hasta que Jacobo empezó a despertar a otras mujeres", me cuenta Arditti. Jacobo trató de convencerla de tener una relación abierta. "Yo no pude con eso. Me dije: tengo que hacerle caso a mi corazón, no a las ideas. Y ahí hay una separación contundente y Jacobo agarra su camino".

En *La batalla por el templo* Grinberg cuenta sus múltiples búsquedas que lo llevaron a romper con maneras de ser y de pensar que había aprendido de su rígida madre y de los maestros del Colegio Israelita. Grinberg amó profundamente a las mujeres. A su hija Estusha, sobre todo, y a Lizette mientras fue su pareja. Los enamoramientos de Grinberg eran como erupciones volcánicas. Se fascinaba por una mujer y la amaba locamente unas semanas; luego llegaba el aterrizaje a la realidad, empezaban los pleitos constantes y Grinberg se sentía agobiado.

"Siento que no era muy maduro en la parte afectiva", me dice Arditti en entrevista.

La pareja intentó una reconciliación. Grinberg se fue a estudiar el doctorado a la Universidad de Nueva York, al laboratorio de Estudios del Cerebro, que dirigía Roy John. En Nueva York, Grinberg experimentó un despertar intelectual y empezó a forjar sus más revolucionarias ideas. Lizette y la pequeña Estusha lo alcanzaron y retomaron la vida familiar. Pero a las pocas semanas ocurrió lo mismo: Jacobo se sintió "en una prisión" y la pareja se separó por segunda vez. El viaje, sin embargo, fue provechoso para ambos. Lizette hizo una maestría en Psicología Humanista y descubrió su segunda vocación, la pintura. Aun después de separarse, Grinberg le llevó a Arditti cada uno de sus más de 50 libros. Sabía que ella los leería y comprendería.

Años después, Grinberg reflexionaría acerca de su rompimiento con Arditti: "Lizette era mi amiga, hermana y esposa, y ambos nos sosteníamos a la perfección. Solamente cuando se pierde una relación así se percibe lo maravillosa que era".

La teoría sintérgica

Los chamanes indígenas, los lamas tibetanos, la cábala judía. Grinberg les dedicó atención y escribió sobre ellos como ningún otro investigador mexicano de su época. Pero fue más lejos, en busca de explicarse la conciencia terminó por ofrecer una teoría del cosmos. Grinberg se preguntó cómo se forma *la experiencia*: aquello que los seres humanos percibimos y conocemos como la realidad:

"Jacobo quería entender el mundo consciente: lo que vemos, tocamos, saboreamos, sentimos. A Jacobo le interesaba el hecho de que nosotros estamos conscientes y podemos hacernos preguntas como de dónde vienen los átomos, cuál es el origen de la vida, y otras", me dice Manuel Delaflor, quien fuera su discípulo durante seis años.

Grinberg pronto se dio cuenta de que no existía una dicotomía entre la realidad y nuestra percepción, o entre la materia y la idea que tenemos de esta. Ambas eran una sola cosa y había que entenderlas como una unidad. O mejor aún, como *la Unidad*.

Y para explicarlo ofreció la teoría sintérgica.

El universo —propone esta teoría— está conectado a través de la *lattice* (celosía, enrejado), una matriz, constituida a nivel cuántico, que contiene toda la información del universo. La lattice contiene la misma información en todos y cada uno de sus puntos. Lo que nosotros conocemos como realidad es el resultado de la interacción entre la lattice y nuestro campo neuronal. Pero el ser humano no es un receptor pasivo de la lattice. La conciencia no solo recibe la información. También participa de ella. Al hacerlo, la altera y la modifica.

"Cuando la energía se concentra de cierta forma en el cerebro se produce lo que él llama un campo neuronal, que interactúa con la lattice o matriz básica del espacio, y de esta interacción surge el mundo que vemos. ¿Cómo se crea la experiencia? Es la distorsión producida por la actividad cerebral —me explica Delaflor—. Sí existe un mundo material, pero lo que nosotros percibimos está mediado por esta interacción. Lo que percibimos está construido, no está dado".

El cerebro, para Grinberg, es una estructura *similar* a la lattice: un cuerpo orgánico cuyos 12 mil millones de neuronas se conectan por medio de los axones. El cerebro, dice Grinberg, es un espejo donde se refleja la lattice. Y el órgano capaz de decodificarla por medio de un proceso que llamó la *neuroalgoritmización*.

Durante meses, Grinberg estuvo presente en la sala de operaciones de Bárbara Guerrero, *Pachita*. ¿Cómo debe reaccionar un científico ante lo que veían sus ojos? Grinberg cuenta que Pachita sacaba tumores o transplantaba órganos sanos después de extirpar riñones o pulmones enfermos. Lo que más interpelaba a Grinberg era que, de la nada, aparecían en las manos de la chamana un riñón, un pulmón o un pedazo sano de cerebro que injertaba en los cuerpos de sus pacientes.

Grinberg se explicó esos milagros por medio de su teoría sintérgica. Decía: el cerebro de Pachita es capaz de alterar la lattice. Por eso el interés de Grinberg en estudiar los cerebros de los chamanes mexicanos y los lamas tibetanos.

"Lo voy a explicar en términos especulativos: si el cerebro construye el mundo que vemos, ¿qué pasa si nos encontramos con un cerebro que no procesa el mundo como los demás? El chamán aparentemente tiene capacidades que le permiten hacer predicciones o curaciones de formas que no son entendidas de manera convencional porque su conciencia es distinta: distorsionan de otra manera la base del espacio y, por lo tanto, tienen habilidades que otros no tienen. El interés de Jacobo, más que antropológico, era 'necesito encontrar cerebros que no funcionan como los cerebros convencionales para ver si la teoría tiene sustento'", dice Delaflor.

"Todos nuestros pensamientos están interrelacionados [...] muchos ni siquiera son nuestros, sino que vienen del colectivo", anotó Grinberg. En busca de huellas medibles de la interacción entre el cerebro humano y la lattice, pensó en el concepto *potencial transferido*. Quería saber si los cerebros de dos personas podían comunicarse. El experimento era sencillo: dos personas se encontraban y conversaban. Después, metía a cada uno a una cámara de Faraday, en donde no tenían ningún tipo de contacto. Ahí, estimulaba solo al sujeto A. Quería saber si el cerebro del sujeto B, en ese mismo momento, registraba una variación eléctrica medible por los aparatos. Según el periodista Sam Quiñones —que escribió sobre Grinberg tres años después de su desaparición—, sus resultados fueron positivos en el 25 por ciento de los casos.

"Para la ciencia son casualidad. Como no se ha logrado replicarlo con un nivel estadístico confiable, la comunidad científica lo ha eliminado de sus áreas de experimentación", escribió Leah Bella Attie (*Alicia en el país de la conciencia*). Attie era la colaboradora de Grinberg que estaba a cargo de los experimentos de potencial transferido a la desaparición del investigador.

La teoría sintérgica no se tomó en serio. "Me siento como excomulgado, viviendo al margen de la sociedad, [ese ha sido] el precio a pagar por no someterme al paradigma imperante", escribió Grinberg en *La batalla por el templo*.

Meses antes de desaparecer, Grinberg recibió a un reportero. Le dijo que sus investigaciones tenían tres vertientes: el enfoque neurofisiológico, que desarrollaba en el laboratorio; el enfoque chamánico, que se hacía en el trabajo de campo, y el estudio de las distintas escuelas místicas. "Lo acusan de charlatanería", lo provocó el reportero. "La ciencia se define por su método, no por sus temas", replicó el psicofisiólogo.

Sam Quiñones hace una bella síntesis de la sintergia: "La teoría por la que Grinberg llegó a ser conocido reflejaba su personalidad. Basándose en la física y en sus experiencias con curanderos, un poquito de Einstein, un poquito de doña Pachita, su mensaje esencial era cálido y esperanzador: toda la humanidad está interconectada. Grinberg pasó casi toda su vida de adulto tratando de probar esta idea. Si tuvo éxito o no es un debate que continúa en su ausencia".

El laboratorio

Así lo describe Manuel Delaflor: "Entrabas y había un espacio de oficina con el escritorio de Jacobo enfrente de una ventana. Había libreros por todos lados y podíamos sentarnos ahí ocho o diez personas con sillas alrededor del escritorio. Luego un pasillo, otra computadora y varios estantes y aparatos de registro electroencefalográfico. Después venía un baño independiente y una cámara de Faraday en donde podía la gente entrar y estar aislados electromagnéticamente del entorno".

Leah Bella Attie y Amira Valle tenían poco más de 20 años cuando trabajaban con Jacobo Grinberg. Ellas han escrito un libro para rescatar sus memorias y los trabajos científicos que hicieron con la dirección de su maestro. Se llama *Alicia en el país de la conciencia* e hicieron una edición de autor en 2014. Ellas conocieron a Jacobo Grinberg cuando él estaba en la cuarta década de su vida. Grinberg ya había desarrollado sus principales teorías. Era consciente de la heterodoxia de sus planteamientos y del rechazo que provocaban en los científicos institucionales.

En el volumen, Attie y Valle cuentan que cuando Jacobo Grinberg llegaba enojado al laboratorio "su energía era tan fuerte que las computadoras paraban o no prendían. Teníamos que poner las manos encima para que se calmaran como si fueran cachorritos". Por el contrario, cuando Grinberg estaba feliz y entusiasmado, "el hipercampo del laboratorio cambiaba" los aparatos funcionaban a la perfección.

Jacobo Grinberg dirigía el laboratorio número 23 de la Facultad de Psicología de la UNAM, el cual obtuvo cuando lo nombraron coordinador de la maestría en Psicobiología. Allí pasaba la mayor parte de su tiempo. "Tenía cámaras de Faraday, electroencefalógrafos, equipos para inducir sonidos con bocinas; tenía registros psicofisiológicos, tasa cardiaca, pletismógrafo para respiración, [medidores de] temperatura distal periférica", recuerda Juan José Sánchez Sosa, quien, en la década de los noventa, era director de la Facultad de Psicología. La cotidianidad se desarrollaba entre computadoras, plumillas y papel de electroencefalograma.

"Jacobo era muy entusiasta y podía ser muy convincente y elocuente con las personas correctas. En la UNAM nosotros teníamos siempre las mejores computadoras antes que nadie. Era el mejor laboratorio", recuerda Delaflor.

Celebraba reuniones semanales cada viernes a las tres de la tarde. Attie y Valle cuentan que era una delicia intelectual. Discutir los proyectos de trabajo, los hacía hablar de filosofía, ciencias y disciplinas orientales. Y no tuvo problema en aceptar entre sus colaboradores al "genio autodidacta" —así lo llamaba— Manuel Delaflor, quien carecía de títulos y diplomas.

Jacobo Grinberg también se postulaba a diversas convocatorias del Conacyt y la UNAM para obtener becas para los 15 colaboradores que llegó a tener el laboratorio.

"No existían los buscadores [de internet], pero Jacobo era muy diestro buscando y encontrando qué fundaciones financiaban proyectos. Alguna vez me dijo 'no tienes idea de la cantidad de dinero que nadie usa porque nadie responde a las convocatorias'. Él conseguía dinero del Conacyt, que ya existía, con relativa facilidad", recuerda Sánchez Sosa.

Al laboratorio acudían lamas tibetanos, chamanes indígenas, cabalistas judíos, pacientes operados por Pachita. Grinberg los invitaba a que entraran a la cámara de Faraday, a ponerse gorritos con electrodos en la cabeza y medirles el *potencial evocado* y el *potencial transferido*, conceptos centrales en las investigaciones del equipo. El laboratorio era el epicentro, pero los investigadores salían a confrontar sus hallazgos. Delaflor recuerda que acompañó a su maestro a ver a luminarias contraculturales de su época como Carlos Castaneda —el autor de *Las enseñanzas de don Juan*— o el muy excéntrico jesuita Salvador Freixedo, experto en ovnis.

"Jacobo daba batallas frontales para defender el laboratorio de despiadados ataques", escribió Amira Valle. Ataques que provenían de "el grupo de neurofisiólogos que no podía aceptar que un miembro de su comunidad hubiese cambiado radicalmente el enfoque, alejándose de la ortodoxia". Por esas épocas, Grinberg dirigía el curso de meditación en el auditorio de la facultad; tenía la cátedra de Mecanismos de la Memoria, y además daba un seminario con especialistas, con quienes discutía temas diversos.

"Cuando empieza a describir estas otras experiencias que parecían no tener explicación, una gran cantidad de la comunidad científica de la UNAM y de afuera dijeron 'es otro charlatán, ya está hablando de cosas raras, no está haciendo ciencia', pero Jacobo nunca dejó de usar el laboratorio con la metodología apropiada", recuerda su amigo y colega Sánchez Sosa.

"Cerramos los jueves", decía un letrero pegado en la puerta del laboratorio. Leah Bella Attie descubriría que los jueves Jacobo Grinberg se dedicaba a meditar, hacer yoga y profundizar en prácticas orientales. Leah quiso sumarse, después uno y otro colega de su equipo se fueron animando hasta que los jueves se convirtieron en el día en que varios integrantes del laboratorio viajaban a la cabaña que Grinberg tenía en algún lugar de los Altos de Morelos. Allí les enseñó yoga, meditación autoalusiva, Prana Yana (una técnica de respiración) y caminatas de conciencia: a cada paso tocarse un dedo y decir za-ta-na-ma... "Era ver al académico transformarse en nuestro maestro espiritual", escribió Attie. "Durante un tiempo, cada jueves, ahí íbamos a hacer meditación. La cabaña estaba en medio del bosque y no tenía agua ni luz, ni nada", dice Delaflor.

Era una época sin internet ni celulares. Las cartas se recibían por fax y se imprimían en ruidosas impresoras de puntos. No había teléfono adentro del laboratorio y, cuando Grinberg tenía llamada, Leah era la responsable de salir corriendo a contestar el teléfono.

Algunos colaboradores se ganaron el mote de "los cuatro sintérgicos". Uno de los sueños de Grinberg era establecer el Instituto Nacional para Estudios de la Conciencia (INPEC): un espacio donde integrar sus búsquedas científicas y espirituales: continuar con sus investigaciones y también enseñar meditación y yoga. Pero sobrevino su desaparición a fines de 1994 y sus proyectos quedaron en vilo.

Las fronteras

Jacobo Grinberg cruzó las fronteras de la ciencia. Experimentó con la ouija, el I-Ching, la astrología y la cábala; creyó en la *visión extraocular* (ver sin los ojos) y enseñó a los niños a practicarla. De acuerdo con sus escritos, alguna vez logró levitar; rememoró 12 vidas pasadas y al menos dos veces *mudó de cuerpo.* Fue a Costa Rica a buscar señales de la Atlántida, el continente perdido, acompañado de chamanas de ese país. Cuando Grinberg escribió sus libros la contaminación del aire en la Ciudad de México era ya insoportable. Según su propio testimonio, no se quedó cruzado de brazos: con ejercicios de respiración y meditación limpió la atmósfera de algunas de las manzanas a la redonda. Luego se comunicó a la Secretaría de Ecología (*sic*) para ofrecer su técnica y fue cortésmente desairado.

Pero acaso su experiencia más audaz la vivió junto a Bárbara Guerrero, *Pachita*, la chamana que hacía transplantes de órganos con un cuchillo de monte. Grinberg atestiguó decenas, acaso cientos de operaciones de pacientes que llegaban desahuciados y se iban felices, sanos y curados. Pachita —cuenta Grinberg— entraba en trance y el espíritu de Cuauhtémoc, el último emperador azteca, tomaba el cuerpo de la chamana. Grinberg se dirigía a Pachita como "Hermano", porque en realidad le hablaba a Cuauhtémoc, con quien conversaba en los intervalos entre paciente y paciente.

"Supe que yo estaba ahí no para fundar un instituto [de estudios de la conciencia] sino para establecer un puente de unión entre Cuauhtémoc y Quetzalcóatl [...] Cuauhtémoc me animaba a escribir en un lenguaje florido [...] me contaba de su vida de emperador y de la terrible conquista a la que fue sometido él y su reino", cuenta el propio Grinberg. "Publiqué un libro sobre Pachita y mis colegas de la UNAM pensaron que había enloquecido", recordó después.

En la India fue a buscar a un gurú de 800 años de edad, pero llegó tarde: había muerto tres días antes. En México buscó al chamán don Panchito, menos longevo, pero que llegó a los 130 años. También estuvo en busca de las huellas históricas del indio yaqui Juan Matus, el sabio de *Las enseñanzas de don Juan*. Se convenció de su existencia histórica y absorbió sus ideas por medio de los libros de Carlos Castaneda.

"Comencé a sospechar que las ideas que yo suponía mías en realidad me habían sido dadas por don Juan desde el otro mundo [...] mi campo neuronal había logrado interactuar con don Juan en alguna zona de la lattice".

He hecho una enumeración de algunas de las fronteras intelectuales que Grinberg cruzó, y que él mismo contó en el delicioso volumen autobiográfico *La batalla por el templo* (1991). Lo dicho aquí con prisa y trivialidad posee, en realidad, un atrevimiento que el lector solo encontrará cuando lea los libros de Grinberg.

Su audacia intelectual más seductora tiene un giro borgiano o de cuento de Philip K. Dick. Cuenta Grinberg que, en los años cincuenta, un inmigrante europeo llegó a una universidad norteamericana a dictar conferencias sobre la conciencia. Se le conocía como el Viejo. Convocó a sus estudiantes más comprometidos a apartarse a una vida de reflexión en una reserva indígena. Ahí, el maestro llegó a un grado tan elevado de meditación que un día se esfumó entre los árboles. Ese maestro se llamaba —coincidentemente— Jacobo *Albert* Grinberg-Zylberbaum.

Décadas después, uno de los discípulos del Viejo encontró los libros de Jacobo Grinberg —el mexicano—, y notó que coincidían punto por punto con las enseñanzas del viejo Albert. Grinberg —el joven— se pregunta si acaso el espíritu del Viejo lo ha tomado y guiado desde su infancia, específicamente desde un momento crucial: la muerte de su madre, Estusha. "¿Era Albert el arquitecto del plan y yo una simple herramienta en sus manos para realizar sus deseos?", se pregunta. Acerca de aquel hombre "de vez en cuando recibo noticias confirmatorias de su existencia y de su conexión misteriosa con la mía".

Sin embargo, dice Delaflor, Jacobo siempre renegó de que lo tildaran de *parapsicólogo*. "Esto es ciencia", decía.

Y nunca, recalca su amigo Sánchez Sosa, nunca Jacobo Grinberg perdió contacto con la realidad. Era reticente al consumo de alcohol y drogas. Nunca alucinó ni oyó voces.

"Buscaba la explicación científica para aquello que no parecía científico. Siempre regresaba a la metodología científica, principalmente la metodología experimental. Le alborotaba la mente el encontrar un puente entre lo que había visto aparentemente sin explicación ninguna y lo que sabíamos de neurofisiología y psicofisiología", afirma.

El hobbit

"De lejos parecías un hobbit de Tolkien, bajito, regordete", le escribe Amira Valle. Poseía una bella voz de tenor. En la intimidad —me cuenta Estusha Grinberg— le gustaba cantar arias de ópera. Acumulaba frascos de vitaminas y las consumía seguido, y en las paredes colgaba collages de fotografías de sus viajes, en particular sus retratos con lamas o chamanes. Le gustaba la comida judía, pero en la cotidianidad lo recuerdan comiendo en el puesto de quesadillas de la Facultad de Psicología y disfrutando tacos de chile relleno.

Se movía en cochecitos sencillos: un vochito azul celeste y un Brasilia, que lo llevó con Estusha en un largo viaje hasta San Francisco, California. Se encerraba a escribir y a meditar en una cabaña en el fraccionamiento Los Robles, en Morelos, que había bautizado como *Safed* en honor a una ciudad de cabalistas en Israel. Ahí no había luz ni agua, solo paz y silencio.

Tenía carácter fuerte. Impulsivo, me dice Manuel Delaflor. "Gruñón, sangroncito, fascinante, un genio", añade Amira Valle. "Duro, exigente y perfeccionista", dice Leah Bella Attie. "No era una persona realizada, no tenía logros contemplativos ni regulación emocional", según Valle. "Jacobo era neurótico. Nos hizo llorar varias veces. La gente lo tenía idealizado: no estaba iluminado", remata Attie.

Ella cuenta que Grinberg dormía poco. "Decía que su cabeza era un radio. Un día no podía dormir, prendió su radio de onda corta y escuchó la noticia: empezaba la guerra del Golfo".

"Soy una especie de iluminado neurótico", se confesó Grinberg ante Attie. Hay una escena que quedó marcada en los recuerdos de Amira y Leah. Además de científica en ciernes, Leah era bailarina. Se preparaba para una presentación en el Festival Cervantino y tenía un ensayo aquella tarde. Se disculpó por retirarse antes de su hora de salida y se despidió de sus colegas. Grinberg montó en cólera. Golpeó la mesa con los puños y le puso un ultimátum: elige el laboratorio o la danza. Uno de los colaboradores lo llamó a la calma.

"Está bien, pero termina lo que estás haciendo en el laboratorio porque no me queda mucho tiempo", pidió Grinberg.

Su hija Estusha lo recuerda de una manera diametralmente distinta: un padre amorosísimo y muy consentidor, y un hombre sereno que nunca se estresaba. Amira Valle y Leah Bella Attie también lo rememoran haciendo expediciones al Espacio Escultórico para meditar en grupo o caminando entre las milpas y nopaleras de Morelos tras una sesión de yoga. A Grinberg le emocionaba el aprendizaje. Cuando aprendía algo nuevo parecía un niño feliz.

De niño le llamaban Jacky en la familia y lo hacía feliz ir de vacaciones a Acapulco. En ese entonces criaba tarántulas, desarmaba radios y televisores para aprender su funcionamiento y construía pequeños aviones. En esos años tuvo un sueño revelador: estaba adentro de una nave espacial y un ser extraño le ponía cables en la cabeza. Le enseñaba a leer libros con solo poner sus manos encima del volumen y le daba una predicción que se cumpliría décadas después: escribirás muchos libros.

El escritor

Nunca acudió a un taller literario ni manifestó, de niño o adolescente, deseo de convertirse en escritor. Sin embargo, un día —un día que recuerda bien Lizette Arditti—, se propuso escribir.

"Yo quiero escribir, y voy a hacer mucho dinero de escribir. Siento que puedo hacer suficiente dinero y entonces voy a poder dejar la facultad".

Por aquel entonces Estusha tenía apenas cuatro añitos de edad. "Su apasionamiento por escribir le dio de un día para otro", recuerda Arditti. Era 1972, posiblemente. Desde entonces y hasta 1994, el año de su desaparición, Jacobo Grinberg escribió más de 50 libros. Sus obras solían ser breves, pero su fiebre escritural no deja de ser un portento para un académico de tiempo completo, viajero incansable, que pasaba parte de su tiempo buscando financiamientos para la investigación o tomaba algún empleo ocasional para completar sus ingresos.

"En ocasiones podía escribir durante horas y sentirme fresco en lugar de cansado", recordaba el propio Grinberg en el libro dedicado a Pachita. Y sí: llenaba agendas con su letra pequeñita que luego pasaban a máquina sus asistentes de investigación. Escribía cuatro libros simultáneamente y se aventuró a diversos géneros. Libros de texto para estudiantes, tratados científicos; pero también cuentos y novelas de ciencia ficción, poemas y su volumen autobiográfico, una honesta revisión de sí mismo —a veces quizá demasiado severa— que recuerda a las *Confesiones* de San Agustín.

"Se sentaba durante horas, todo lo escribía en manuscrita y nunca corregía, o mínimamente", añade Arditti, testigo de su súbita conversión a escritor. Primero empezó con cuentos: "Sus cuentos son sueños de libertad —me dice—, de encontrarse a un sabio en una cueva que le diga de qué trata la vida y el cosmos. Y tuvo una evolución hasta novelas más complejas como *Los cristales de la galaxia*, completamente integrada a la teoría sintérgica".

De joven se bebió a los grandes autores de ciencia ficción. Todos, dice Arditti: Asimov, Clarke, K. Dick, Le Guin…

A veces dictaba sus textos en casetes que luego transcribían sus asistentes de investigación. Los martes eran sus días de escritura en el laboratorio. Además, se encerraba en su cabaña del fraccionamiento Los Robles, en Ahuatlán, Morelos, a poner sus ideas en negro sobre blanco. Entre sus discípulas corrió la idea de que podía escribir un libro en una sola noche.

Aprendió a jugar con las palabras, como lo fue con la creación del nombre de su teoría sintérgica. Con las metáforas puestas al servicio de la ciencia, la noche estrellada le hacía pensar en una red neuronal: las estrellas hacían sinapsis unas con otras. El cosmos como un gran cerebro pensando: pensándonos. Lo mismo imaginó del planeta: si la Tierra es un ser viviente —como estaba seguro que era—, ¿en dónde estaría su mente? ¿Dónde guardaría sus recuerdos? Alguna vez hizo esta pregunta frente a sus colegas del laboratorio y Amira Valle aventuró una respuesta: en el mar, ahí está la memoria de la Tierra. Grinberg asintió.

Los delfines

Jacobo Grinberg nadando con delfines. Esa es la última imagen que Amira Valle y Leah Bella Attie guardan de su maestro, en noviembre de 1994. Querían probar si era posible que los cerebros de los niños con autismo y los cerebros de los delfines experimentaran el potencial transferido. Habían conseguido gorritos con electrodos adaptables a los mamíferos marinos del parque acuático Atlantis, en el Bosque de Chapultepec. Como Attie estaba embarazada, se quedó en la orilla. Amira, Jacobo y Terita —su última esposa— se lanzaron al acuario con trajes de neopreno. Todo iba bien hasta que un delfín atacó a Terita y la obligó a salir de la alberca. La jornada de nado con delfines terminó con un regusto amargo.

Tres décadas después, estos sucesos se leen como una señal de mal augurio o, quizá, un asomo de advertencia interespecie. ¿Qué percibió aquel delfín de lo que ocurría con Grinberg?, se pregunta Attie.

"La conocí en una reunión, vestida al estilo iraní y con unos ojos rasgados que le daban una apariencia extraña. Más rara me pareció su conducta y su lenguaje", escribió el científico en su autobiografía. Poco antes de conocerla, Grinberg había visitado a un quiromanciano que había leído las líneas de su mano. Le dijo que "estaba a punto de conocer a [su] verdadera compañera... y que sería mi última oportunidad de formar una relación estable", como escribió Grinberg en *La batalla por el templo*. Grinberg decidió creerle y se casó con Teresa Mendoza, *Terita*, la mujer que ha sido señalada como sospechosa de colaborar en su desaparición.

En las vísperas del 12 de diciembre de 1994 —cumpleaños de Jacobo Grinberg— lo esperaban en casa de Luis Schettino —uno de "los cuatro sintérgicos"— para celebrar sus 48 años, pero nunca llegó. Su familia también le había preparado una comida que se quedó sin cumpleañero.

Las alertas tardaron algunas semanas en encenderse, porque Grinberg y Teresa tenían un viaje programado a Campeche y luego otro a la India. La policía de investigación descubriría después que ni siquiera habían comprado los vuelos. Nunca se volvió a saber de Jacobo Grinberg.

Hay distintos puntos de vista sobre los últimos meses del científico y en particular del papel de Terita. Sam Quiñones, periodista estadounidense que se interesó por el psicofisiólogo tres años después de su desaparición, afirma que 1994 había sido un buen año para el investigador. Los experimentos sobre potencial transferido eran prometedores; Grinberg los había llevado a un congreso internacional y había regresado *radiante*. Estaba feliz porque recibió noticias de que el libro *Pachita* sería traducido al inglés. En efecto, tenía problemas con Terita, pero se debían a que ella quería tener hijos y Jacobo no. Salvo eso, "Grinberg tenía todas las razones para estar con Terita".

Otros indicios apuntan a que Grinberg y Terita mantenían una pésima relación. A su hermano Jerry, Grinberg le había dicho que tenía miedo de su pareja y prefería dormir en una combi (testimonio dado al cineasta Ida Cuéllar). La desaparición sigue sin aclararse. El documental *El secreto del doctor Grinberg* (Ida Cuéllar, 2020) especula con la hipótesis de que la Agencia Central de Inteligencia de Estados Unidos (la CIA) secuestró a Grinberg —posiblemente— para usar sus descubrimientos con propósitos militares. La película de Cuéllar apunta a que Terita pudo haber colaborado en la desaparición.

A principios de diciembre de 1994, sonó el timbre del teléfono en el laboratorio. Ruth Cerezo, una de "los cuatro sintérgicos", tomó la llamada. Era Terita, quien le informaba escuetamente que ya no esperaran a Jacobo durante el resto del mes. Pero pasó el tiempo y, al no recibir señales de vida, la familia y amigos de Jacobo acudieron a las autoridades. La Procuraduría General de Justicia del Distrito Federal asignó al comandante Clemente Padilla como responsable de la investigación. Padilla estableció que Grinberg había desaparecido contra su voluntad, pero nunca lo encontró y apuntó hacia Teresa como sospechosa. Hasta el día de hoy el caso sigue sin aclararse.

Los recuerdos de Valle y Attie pintan a un Jacobo Grinberg librando batallas. Una de ellas con Terita: Jacobo llegaba alterado al laboratorio "especialmente después de pelearse con Teresa, y perdía por completo el control, [estaba] en mucha turbulencia emocional", escribieron en el manuscrito inédito *Anécdotas de laboratorio*.

La desaparición de Grinberg dejó en la orfandad a varios de sus colaboradores. "Cuando él desaparece canibalizan el laboratorio: todo el mundo se pelea por las cosas porque teníamos lo mejor de lo mejor", dice Delaflor. Valle y Attie acusan que aquellos colegas que menospreciaban su trabajo se apropiaron de las computadoras y los sofisticados aparatos de su laboratorio, que quedó clausurado. A Estusha se le permitió sacar objetos personales de su papá, pero las investigaciones, los *papers*, los proyectos quedaron interrumpidos y abandonados.

Desde entonces, la familia de Jacobo Grinberg se ha encargado de resguardar y difundir su legado. Lizette Arditti, en su momento, fue la creadora de las portadas originales de los libros de quien fuera su primer esposo. Su hija, Estusha Grinberg, gestiona la página web oficial: jacobogrinberg.com. Ella es una de las representantes más importantes del género World Music en México, y musicalizó el libro de poemas *Cantos de ignorancia iluminada* de su padre. Su página web es estusha.com. Nicolás Mesnage, yerno de Jacobo, ha sido un promotor infatigable de los libros de Grinberg, al ser el primero en digitalizarlos y ponerlos de vuelta al alcance del gran público. Jacobo Grinberg tiene hoy dos nietas —a las que no conoció—, Ixchel y Leilani. Esta última es la autora del retrato que acompaña este texto. La Biblioteca Jacobo Grinberg que se publicará en Debolsillo forma parte de este esfuerzo por mantener el legado del científico mexicano.

En internet circulan fantásticas hipótesis: que lo secuestraron los ovnis, que se transformó en el Subcomandante

Marcos del EZLN o que llegó a un estado meditativo tan elevado que simplemente se evaporó. Una de las teorías compara a Jacobo Grinberg con Neo, el personaje de la película *The Matrix* (hermanas Wachowski, 1999). La *matrix* es un programa de realidad virtual en el que todos vivimos inmersos. Los robots han tomado el control del mundo y nos mantienen esclavizados, conectados a cables para extraer nuestra energía. Esos mismos cables nos conectan a *the matrix*, a la ilusión en la que creemos estar vivos, mientras somos expoliados. Jacobo Grinberg, como Neo, se ha liberado de esa matriz y es el primer hombre libre de la Tierra. Y así se propaga la leyenda, el mito del autor de culto, guía intelectual y espiritual.

Lizette Arditti anota otra hipótesis: en un país como México, con 120 mil desaparecidos, te matan —y acaso te desaparecen— por robarte el dinero de la billetera.

Juan José Sánchez Sosa dice lo que perdió la ciencia: "Lo que le haya pasado es una pérdida gigante para la psicología en particular. Iba en el camino correcto, acabaría no sé si con el Premio Nobel, pero sí con un premio importante. Hubiera encontrado los principios regulatorios de lo que vemos y decimos: 'no lo puedo creer'. Y describir cómo ocurrió: cómo es que lo vi y cómo se explica".

¿Qué diría hoy si regresara?, se pregunta Lizette Arditti. Aventura una respuesta: aprovecharía los avances tecnológicos para probar sus teorías y prestaría poca atención a la mitificación de su personaje. Arditti lo compara con el Quijote. "Jacobo podría ser un Quijote. Porque el Quijote era un congruente total: vivía su cuento". Amira Valle le escribe con cariño y nostalgia: "Te mando un beso a la lattice, donde habitas por siempre". Amira Valle, Leah Bella Attie y Manuel Delaflor tienen además un proyecto: darle continuidad a las investigaciones de su maestro y reabrir un laboratorio para volver a ellas. Su hija Estusha Grinberg pide recordarlo no solo como un gran científico, sino, también, como un hombre que dio su vida por la búsqueda de libertad.

Retrato de Jacobo Grinberg-Zylberbaum hecho por su nieta Leilani Grinberg.
leilanigrinberg.com

PRESENTACIÓN Y AGRADECIMIENTOS

El libro que ahora presento es apenas un primer bosquejo de la psicología autóctona mexicana, la que, para ser totalmente revelada, necesitaría no uno, sino cientos de volúmenes mucho más sabios y mejor elaborados que este.

La complejidad conceptual y la sabiduría del espíritu mexicano, junto con la que sobre el tema existe, se ven reflejadas en el creciente número de sus representantes: los chamanes y psicólogos autóctonos, los "hombres de conocimiento", los cuales suman miles, dispersos por todos y cada uno de los pueblos y ciudades de nuestro país.

Este libro, modesto, además de anecdótico, representa solo un intento por abrir los ojos a una realidad escondida pero viva, resguardada pero pujante en el interior de la esencia y en el corazón de nuestro país.

Ideada originalmente como una serie de artículos, esta obra pretende ser el inicio de un proceso de rescate de la sabiduría original de México, sabiduría tan devaluada y aplastada por la Conquista y el modernismo, pero sabiduría al fin, y, como tal, sobreviviente milenaria.

Ojalá que este primer intento nos haga ver, a todos los que habitamos México, que, detrás de la crisis del materialismo que vivimos, el espíritu pide renacer y que es nuestra obligación darlo a luz.

Quisiera agradecer a todas las personas que hicieron posible este estudio, en particular al licenciado Miguel González Avelar, secretario de Educación Pública, quien ha apoyado y estimulado mi interés en el conocimiento del México indígena.

A Teresa Vale, por su apoyo incondicional.

A Jenny Lewis, por su magnífica labor de edición.

A Mónica Virchez e Ixtaccihuatl Carrasco, quienes llevaron a cabo la ardua tarea de transcribir los estudios y las entrevistas a partir de las grabaciones magnetofónicas.

A Emilia Flores Melo, quien se encargó de computarizar, ordenar y analizar los datos.

A Guadalupe Ruiz Ávila, por su colaboración.

A Francisco San Román y Henri Bergonzi, por su entusiasmo y responsabilidad al aceptar publicar los resultados de la investigación en los volúmenes de esta serie.

Por último, a los psicólogos autóctonos mexicanos y a los chamanes de México.

JACOBO GRINBERG-ZYLBERBAUM
Febrero de 1987

INTRODUCCIÓN

Una de las más tristes e inquietantes actitudes del mexicano actual es su tendencia hacia la autodevaluación, posiblemente como resultado de una conquista brutal, caracterizada por una total falta de respeto hacia sus valores autóctonos, que lo condicionó a pensar en lo propio como algo sin valor y en lo externo como algo omnipotente.

Basta observar las gigantescas colas que se forman ante los recientemente inaugurados McDonald's o la predominante preferencia que existe en México por el ahorro en dólares en bancos norteamericanos. Es fácil percatarse de que el mexicano no confía en su propia nación y que continúa dejándose conquistar por lo extranjero.

Y lo más extraordinario de todo es que tal actitud de sometimiento existe en un país como este, en donde viven algunas de las personas más desarrolladas del planeta. Me refiero a los hombres de conocimiento de México: los chamanes y los psicólogos autóctonos. Desde tiempos inmemoriales, cada tribu de los antiguos habitantes de México era comandada, en lo espiritual, por uno o varios hombres que se destacaban por su inteligencia, intuición y capacidad de videncia. Por lo menos a partir de los toltecas, estos hombres de conocimiento comenzaron a fundar linajes, los cuales, a través de una cadena de sucesores, transmitían, de generación en generación, su particular forma de crear la realidad.

El número de linajes que existen actualmente en México es indeterminable, aunque se sabe que es abundante. Muchos de ellos sobrevivieron a la Conquista; otros fueron creados después de ella. Se los encuentra en casi todo el pueblo, comarca o ciudad, y forman una subcultura de complejidad y riqueza insospechadas. Se dedican a curar enfermedades, a pronosticar el futuro, a dar consejos y a aliviar angustias. Son consultados por pueblos enteros, ya que en ellos encuentran guía y consuelo. Su capacidad intuitiva es generosa y su vocación iniciática lo es aún más. Son los portavoces de tradiciones milenarias y representan la más verdadera y misteriosa raíz de lo mexicano. Algunos realizan hazañas casi milagrosas de intuición y conocimiento, y casi todos gozan de un poder de voluntad y de optimismo envidiable. Luchan en contra de la hechicería y se consideran defensores del desvalido y del débil.

Y es precisamente con el ánimo de rescatar el conocimiento de estos hombres que hemos iniciado una investigación a nivel nacional, con la convicción de que un pueblo que posee una riqueza humana tan extraordinaria como México no tiene motivo alguno para sentirse devaluado, y que lo que sucede, quizás, es que desconocemos e ignoramos lo que somos. Esperamos que esta investigación nos ayude a evaluarnos y a confiar más en nosotros mismos.

Con esta intención nos comprometemos, pues, a difundir los hallazgos de esta investigación.

En cuanto a la metodología usada en este proyecto, se consideró que la más apropiada era la investigación participativa;

los investigadores convivieron con los chamanes, se sometieron a sus enseñanzas y, en algunos casos, se convirtieron en sus discípulos. De esta forma se logró obtener información precisa y de primera mano acerca de sus prácticas y enseñanzas. Esta metodología permitió, también, poner a prueba algunos de los procedimientos terapéuticos practicados por los chamanes.

En algunos casos se hicieron entrevistas con los pacientes y discípulos de los chamanes, así como seguimientos exhaustivos de los efectos de sus enseñanzas y terapias, para lo cual se empleó un equipo audiovisual.

Este trabajo igualmente requirió viajes constantes y estadías largas en las comunidades en las que viven los chamanes.

Por último, quisiera mencionar que los resultados obtenidos hasta hoy apoyan las postulaciones de la teoría sintérgica. Esta sostiene que la realidad perceptual es el producto de la interacción entre un campo energético activado por el cerebro (el campo neuronal) y la estructura del espacio-tiempo (el campo cuántico). La interacción de ambos campos crea un patrón de interferencia que baña todo el espacio. La experiencia consciente surge cuando el observador enfoca un mecanismo hipotético llamado *factor de direccionalidad* en alguna porción del patrón de interferencia.

Los chamanes parecen poseer una gran maestría en el enfoque de su factor de direccionalidad; son capaces de activar diferentes experiencias en distintas localizaciones del espacio y niveles de la realidad.

I

DON LUCIO DE MORELOS

PRIMERA PARTE
El primer encuentro

Introducción

Los chamanes de México están agrupados en diferentes linajes, según sus técnicas, procedimientos y su particular concepción acerca de la realidad.

Entre esos linajes está el de los graniceros, en el estado de Morelos, que se dedica al manejo de las condiciones atmosféricas con el fin de evitar que tormentas, granizadas o heladas destruyan los sembradíos de las comunidades que protegen.

Don Lucio Campos es uno de los directores del linaje de los graniceros de Morelos. Para don Lucio, la realidad se divide en dos grandes secciones: la del mundo visible y la del mundo invisible. El mundo visible es la realidad de los objetos, de los cuerpos y de las condiciones físicas y materiales. El mundo invisible, en cambio, es la realidad de los seres que viven en el espacio, los "trabajadores del tiempo".

Según don Lucio, un chamán de su linaje puede entrar en contacto con los trabajadores del tiempo si es escogido para ello. La manifestación de la elección es un evento de proporciones terribles, que consiste en la caída de un rayo en el cuerpo del candidato y la supervivencia de este. El propio don Lucio fue herido por un rayo hace más de 30 años, tras lo cual se convirtió en chamán.

Como tal, don Lucio se dedica a curar a los miembros de la comunidad que así lo solicitan. Además de su labor como curandero, don Lucio es maestro y guía de un grupo de discípulos que lo visitan.

Una vez al año, el 5 de mayo, este chamán, junto con los miembros de su linaje y sus discípulos, lleva a cabo una ceremonia en El Caleca, una cueva localizada entre los volcanes Popocatépetl e Iztaccíhuatl. En esta cueva don Lucio pide poder para enfrentar las tormentas y las granizadas con éxito.

La vida cotidiana de don Lucio transcurre como campesino morelense dedicado al cuidado de su milpa, de sus animales y de su hogar. Casado y con varios hijos, don Lucio afirma que su labor como chamán debe mantener un equilibrio sano y una integración sin roces con su vida como marido, padre, abuelo y campesino.

Don Lucio dedica un lugar especial de su casa a su altar, en donde practica sus artes de curandero y su magisterio chamánico.

Fue a través de un amigo que me enteré de la existencia de don Lucio. Mi interés por el estudio de las concepciones relativistas acerca del tiempo me hizo ir en su busca. El siguiente es un relato de mi primer encuentro con él.

Una tarde me dirigí a Tlayacapan. No conocía la dirección de don Lucio, así que decidí dejarme guiar por la intuición. A la altura de un granero reconocí una choza extraña y, pensando que ahí vivía don Lucio, la exploré. Después de ese y otro intento fallido, opté por preguntarle a mi amigo la dirección de don Lucio. Mi amigo, antropólogo, experto en chamanismo y cineasta experimental, me informó en dónde podría encontrarlo.

Salí de Tlayacapan y en el camino me envolvió una tormenta terrible. Unos niños me hicieron dudar de proseguir la marcha y eso hizo que me encontrara a don Lucio en su camioneta en la carretera.

De todas formas conocí a su familia. Su esposa, una india bellísima y ya entrada en años, me impresionó por la pureza de sus rasgos, con arrugas que le surgían de los ojos en dirección lateral. Las mismas arrugas que don Lucio tenía.

Dos días más tarde volví a encontrarme con don Lucio.

Salí por la mañana de la Ciudad de México y a la hora de la cita me hallaba apenas en el mirador de Cuernavaca. Me sentía cansado y de mal humor. Después de dormitar unos instantes sentí de pronto la necesidad de irme. Puse en marcha el automóvil y en menos de seis minutos estaba ya en Tepoztlán. Algo pasó, pues a la velocidad con la que viajaba ese trayecto debió de durar 12 o 13 minutos. Parecía que una fuerza me hubiera tragado y después depositado en Tepoztlán.

Más tarde, don Lucio me recibió amablemente y me ofreció una pequeña silla en su cuarto de altares y ofrendas, repleto de imágenes de santos y cruces, colocados en el centro de una mesa. Después de saludarnos y preguntar por mi origen y lugar de residencia, sonrió abiertamente y me cuestionó:

—¿Qué se le ofrece?

Me sentí obligado a exponer mis intenciones. Le platiqué de mi trabajo y mi convicción acerca del tiempo como puerta de acceso a la sabiduría. Después de la explicación, guardé silencio. Don Lucio recargó su barbilla en la palma de su mano y entrecerrando los ojos meditó unos instantes. Al final, volteó a verme y dijo:

—El tiempo es muy importante, pero aprender de él es muy difícil y caro.

Yo sentí una incongruencia. No podía mezclar lo económico con lo espiritual, y menos tratándose de un indio. Fui criado por una india, la que al morir mi madre ocupó su lugar en la casa. Conocí la belleza, la pureza y la honestidad que esconden el alma y el corazón de un indio. La referencia que don Lucio hacía acerca de lo caro que iba a salir mi aprendizaje me dejó confuso y alarmado. Sin embargo, había algo en su cara que no coincidía con el factor monetario. Don Lucio seguramente estaba probándome. Cuando llegué a esa conclusión me tranquilicé y dije:

—Pues usted dirá, y ya veremos si me alcanza.

Don Lucio lanzó un "mmm" y, después de meditar otro momento, cambió abruptamente de tono:

—Se necesita mucho entusiasmo —dijo suavemente—, y además el riesgo es alto. La gente del tiempo es muy dura y ahí no existen caminos.

Pensé que había escuchado mal. Don Lucio hablaba de gente del tiempo y mencionaba un lugar específico en el cual habitaba. Pensé que quizás se refería a otro plano de existencia.

—¿En qué lugar viven esas gentes, don Lucio?

Sonrió de nuevo con una expresión de seriedad mezclada con misterio e ironía.

—Yo sé de qué hablo, Jacobo. Yo viví tres años con ellos y no es fácil.

—¿Tres años? —pregunté, asombrado.

—Sí, señor —me respondió don Lucio con convicción—. Estuve tres años con ellos y me enseñaron lo que es el tiempo.

Mi entusiasmo aumentaba cada instante. Creo que si hubiera conocido a don Lucio unos meses antes no le habría creído. Pero ya aceptaba la realidad de otros planos de existencia.

—Yo quiero saber más, don Lucio, no me importa lo que tenga que hacer. Además, acepto el riesgo.

Don Lucio me miró de nuevo y una expresión que interpreté como de confianza asomó a su rostro. De nuevo pareció meditar un instante antes de hablar.

—Veo que existe entusiasmo y fuerza, y eso es lo que se necesita. Lo que quiero saber son las intenciones que tiene.

Mi intención era saber y volar, así, literalmente. Sin embargo, no sabía cómo explicarlo. Por otro lado, había dedicado mi vida a escribir y con cada nuevo libro sentía que aportaba algo positivo al hombre.

Eso es lo que le hice saber, añadiendo una comparación:

—Usted se dedica a curar, don Lucio, porque sabe que es bueno y con ello coopera al bienestar humano. Yo escribo por las mismas razones. Mi intención es saber más y compartir mis conocimientos.

—Muy bien, muy bien —dijo don Lucio con dulzura—. Veo que no hay nada malo. Creo que puedo hacer algo. Convocaré a los espíritus —ya no les llamó *gente*— y les diré que quiere hablar con ellos para así obtener sabiduría.

Eso me pareció excelente. Necesitaba hablar de mis ideas y nadie mejor para entenderme e instruirme que entidades espirituales. Se lo agradecí y, además, le hice entender que lo que quería era ir por aquel camino solo, sin depender de alguien.

—Lo único que será necesario hacer —indicó abruptamente don Lucio— es una ceremonia en la que daré *luz*.

Al final le pregunté si el manejo del tiempo permitía viajar de un lugar a otro.

—En espíritu, sí —me contestó—, pero no en cuerpo. El tiempo puede detenerse, acelerarse o retardarse, pero nadie puede viajar con su cuerpo en él.

El martes fui a comprar todas las cosas necesarias para la ceremonia y se las llevé a don Lucio. Revisó las veladoras, el mole, las flores, las frutas y dulces. Después nos sentamos a platicar.

—Estuve hablando con ellos —dijo con seriedad don Lucio— y me preguntaron qué es lo que iba a hacer con el conocimiento que le den.

—Voy a escribir, don Lucio —le respondí.

—Pues ellos dicen que habrá cosas de las que no podrá escribir y, además, quieren saber qué hará con los beneficios de sus libros.

Debo confesar que aquello me decepcionaba. Nadie, excepto mi propia conciencia, tenía derecho a decidir sobre lo que escribiría. Por otro lado, los beneficios serían absurdos, pues, por más libros que se vendan en México (si es que los editores aceptan publicarlos), la ganancia para el autor siempre es ridícula.

Se lo hice saber a don Lucio, añadiendo que no aceptaba imposiciones con respecto a lo que escribía, pero que me daba cuenta del cuidado y respeto que debería tener al hacerlo. Le mencioné que comprendía que algunas cosas no se deberían decir y que no se preocupara. Don Lucio pareció convencido y me preguntó lo que me había sucedido desde que nos vimos la última vez. Le conté de las dificultades por las que atravesaba y le dije que tenía la sensación de estar siendo probado.

—Sobre todo —agregué—, hay alguien que me estoy encontrando en lugares inesperados: Un señor de edad avanzada y cara muy extraña se ha cruzado en mi camino tantas veces que no puede ser coincidencia.

Don Lucio pareció preocuparse y me hizo varias preguntas acerca de las características del señor. Al final me dijo que él lo vería en su recorrido nocturno.

—Si es de ellos —dijo, sonriente—, me lo traerán, y, si no es de ellos, ya se verá qué quiere.

Al despedirme me explicó la razón de las veladoras que me había pedido para la ceremonia. Dijo que, al prenderlas, él se daría cuenta (por el tamaño de la luz) de la respuesta de los espíritus.

Al principio me había solicitado seis veladoras, pero en esta ocasión duplicó la cantidad.

—Es porque la cosa es más seria de lo que creía. Se necesitan 12, por los apóstoles —dijo seriamente.

También me pidió alcohol y puros. En la ceremonia habría gente de todas las edades; se necesitaba alcohol porque, cuando esa gente vivía en el mundo, no existían bebidas como las de ahora. Para los niños me pidió chocolates y dulces.

El jueves llegué 30 minutos más tarde de lo convenido. El nietecillo de don Lucio me saludó por mi nombre y su abuelo me explicó que antes de iniciar la ceremonia iba a hacer un trabajo en el monte con uno de sus discípulos.

Decidí acompañarlo y, tras caminar un buen trecho, nos encontramos en una pequeña explanada rodeada por campos de labranza. A dos o tres metros del lugar en el que el discípulo de don Lucio había sentido el inicio de su enfermedad, había un árbol dañado y quemado por un rayo.

A don Lucio aquello le pareció lógico. Prendió copal e inició la ceremonia de "limpia", la cual incluyó varias etapas. Primero, el copal, cuyo humo don Lucio esparció por todo el lugar. Después, cubrió al doliente con flores y le lanzó alcohol. Por último, esparció una limonada en todas direcciones y, con las dos palmas de las manos, ahuyentó y desenredó (así dijo después) los espíritus que se habían posesionado de su alumno.

En el camino de regreso le pregunté si él podía ver los espíritus y me contestó: "¡Claro que sí! Si no, ¿cómo le haría para curar?".

Por fin llegamos a su casa. Mientras habíamos asistido a la "limpia", la esposa de don Lucio había puesto las flores, frutas y veladoras sobre la mesa. Don Lucio explicó que los males de sus discípulos también lo eran de él y, por lo tanto, debía curarlos y cuidarlos como a sus hijos.

La ceremonia se inició con el encendido de las veladoras. Don Lucio veía las flamas y, de acuerdo con su altura y coloración, lanzaba expresiones de contento o preocupación. Después hizo la introducción frente a la asamblea de espíritus, diciendo que él me recomendaba y hacía hincapié en mi entusiasmo, buena fe e intenciones.

Don Lucio seguía viendo las flamas y anunciando que todo iba bien, que no tenía problemas y que había sido aceptado.

Más tarde, nos sentamos a comer y le empecé a hacer preguntas:

—¿Existe la reencarnación? ¿Las gentes del tiempo reencarnan? ¿La conciencia se adquiere o se deposita en un cuerpo?

Don Lucio reía ante las preguntas y contestaba una por una.

—La reencarnación sí existe —dijo solemnemente—, los trabajadores del tiempo nunca regresan y la conciencia se da.

Discutimos luego acerca de una profecía tibetana que mencionaba a México como lugar de inicio de un gran cambio de conciencia.

—El cambio ya fue iniciado —dijo don Lucio— y será muy grande.

No me quiso decir cómo ni cuándo se había iniciado, pero me contó la historia del abuelo del discípulo que recién había "limpiado".

—Era un hombre muy bueno, pero los rayos se la traían con él. El rayo le cayó tres veces y la última de ellas lo mató. Se convirtió en trabajador, pues estos siempre van con los rayos. Ahora su nieto tiene un trabajo, pero se ha "dejado" y por eso le vino su enfermedad.

Continuamos hablando por varias horas y, al final, quedamos de vernos el lunes para platicar acerca de nuestras experiencias. Nos despedimos y don Lucio me deseó toda clase de bienes.

A continuación se incluye un relato de las impresiones causadas por don Lucio en Gretchen Andersen, quien, en 1985, se incorporó a la investigación sobre los chamanes de México.

Gretchen Andersen es una investigadora de Estados Unidos especializada en culturas indígenas.

Ya se ha escrito acerca del chamán don Lucio y, de hecho, desde la primera visita que le hice, confirmé mucho de lo que había leído y oído anteriormente sobre él. Encontré que era un hombre que saludaba afectuosamente a sus visitantes y que tenía un conocimiento profundo en su misión de la vida y de la realidad. La vida aparentemente transcurre en forma normal para este campesino trabajador, que diariamente labora en los campos de su pueblo y que les enfatiza a los que lo visitan la importancia de proporcionar el pan para la mesa, especialmente en estos tiempos cada vez más difíciles. Pero no todo de lo que él habla es tan común o práctico, ya que también subraya nuestras obligaciones espirituales y nuestras conexiones con un "mundo invisible" en el cual interactuamos con seres de otras dimensiones u otros niveles de existencia. Es un hombre equilibrado y muestra cómo las consideraciones prácticas de la vida cotidiana se armonizan con un mundo de misterio que muy pocos de nosotros hemos experimentado o comprendido.

Mi primer encuentro con don Lucio fue en grupo. Me impresionó el interrogatorio riguroso al cual sometió a cada visitante, ahondando en alguna parte clave de su vida, mientras que aparentemente hacía comentarios sencillos. Dio la impresión de que no existía ninguna parte de nuestras vidas que le pudiésemos ocultar. Después de esta fase introductoria, habló de nuestros tiempos actuales y de lo que traería el futuro, y describió un panorama pesimista. Habló de nuestra actual incapacidad de curar enfermedades comunes que, hasta hace poco, se habían podido curar de una forma sencilla y efectiva. "Un resfriado ahorita simplemente no es lo mismo de antes. No se puede curar con una aspirina y limón", observó, advirtiéndonos de los problemas económicos y de salud que están por delante, pero, a la vez, parecía hacer alusión a nuestras enfermedades sociales actuales que no tienen ninguna curación conocida. Ofreció una solución posible a esta crisis al mencionar a un hombre que vendría, un hombre con gran poder y sabiduría, cuyo destino sería ayudarnos a pasar por los tiempos difíciles. Me hizo pensar en las visiones apocalípticas de la llegada de un salvador y otra persona allí presente lo comparó con un Emiliano Zapata de la actualidad.

Parece que don Lucio, a los 71 años, todavía no ha encontrado a un discípulo o heredero que pueda proseguir en su lugar, ni ha encontrado a una persona con quien compartir sus visiones; ni siquiera los curas que lo han visitado han podido hablar de los "rebaños" o de "los pastores que cuidan a los rebaños". Muchos han venido a visitarlo y a aprender, pero hasta ahora no han superado los límites de la comprensión intelectual, donde no se toman apuntes con pluma y papel, sino que se los escribe para siempre dentro de la cabeza. Así, don Lucio repite frecuentemente: "Póngalo aquí", mientras escribe palabras invisibles en su frente. "Aquí nunca se pueden perder o ser olvidadas".

Me contó de uno de tales visitantes: Dora, de Nueva York, que vino a hablar con don Lucio y compartir lo que sabía de los métodos de curación y del control del tiempo. Después de varias reuniones, parece que las preguntas de Dora seguían aumentando y, en una ocasión, Dora finalmente le preguntó a don Lucio si existía un libro escrito que contuviera toda esta información y que ella pudiese leer. Respondió que sí, que claro que sí había, y se lo dio para que lo leyera. Riendo, nos contó que cuando intentó leerlo, regresó corriendo, protestando porque estaba escrito en griego. Aquí, don Lucio pausó misteriosamente para mirarnos, a ver si habíamos entendido la broma, y luego siguió riendo. Según don Lucio, Dora todavía tenía mucho que aprender acerca del control de condiciones atmosféricas, puesto que había tenido que enseñarle algo tan elemental como la producción de nubes y de rayos. Ilustró este punto al decir: "Mandas el rayo así", y con esto hizo un ademán de tipo magnético con las manos. "Y entonces le gritas a Emanuel del Popocatépetl que mande una nubecita en esta dirección". Continuó con los comentarios de Dora y cómo felizmente se despidió de ella, convencido de que ella sabía muy poco de estos asuntos.

Al escuchar esta historia, estuve consciente de que gran parte de lo que nos contó don Lucio no quedó explicado por sus palabras solamente, sino por cada movimiento y cada gesto; y de que su intención al contar las historias no era la de entretener, sino de darnos algún mensaje también, cuya comprensión dependía de nuestra capacidad de percepción para entenderlo.

"¿Somos todos lo mismo, don Lucio? ¿La persona que observa es la que ve lo mismo en todos nosotros?", preguntó uno del grupo, y en la conversación habló sobre quiénes somos nosotros y sobre otros mundos. Don Lucio contestó la pregunta diciendo, primero, que todos éramos diferentes, cada uno con su forma especial de ser y de hacer, pero que el que ve ve todo igual. Todos somos lo mismo en cuerpo, en mente, en esencia; sin embargo, a la vez somos diferentes. La idea se hizo más clara cuando dijo que todos venimos del mismo origen, de la misma "respiración divina", según él. Las diferencias entre nosotros existen debido a los "regalos que se han dado a cada quien". Estos "regalos" son los que nos hacen ser tal como somos, los que diseñan el tipo de vida que llevamos; son dados, controlados y guiados por seres tales como los pastores y los trabajadores del tiempo.

Don Lucio señaló que los trabajadores del tiempo existen en un mundo físicamente parecido al nuestro. Hay mujeres, niños, bebés, gente grande; sin embargo, tienen una diferencia importante y es que su mundo existe en perfecta armonía y paz. Me explicó que existían los trabajadores de antes y los de después. Parece que todos hemos sido trabajadores del tiempo antes de esta vida y que podemos volver a ser trabajadores del tiempo después. Al preguntarle a don Lucio cuál sería su próxima tarea después de terminar esta vida, contestó que haría lo que le pidiera el Señor y no hizo ninguna referencia a lo que podría ser. Platicamos brevemente de estas cosas y, aunque todavía quedaban muchas más por explorar y cantidad de preguntas por hacer, decidimos esperar hasta la próxima visita, ya que don Lucio estaba cansado.

Antes de irnos, don Lucio nos dio una limpia a cada uno de nosotros o, como prefiero decirlo yo, nos dio uno de sus "regalos". El olor a hierbas y alcohol invadió el cuarto mientras don Lucio repetía su bendición a cada uno, palmeándonos en la cabeza, espalda y pecho con su líquido especial y bendiciendo nuestras manos por los trabajos que harían más adelante. Últimamente don Lucio había estado enfermo, así que cortamos la visita para permitir que descansara y le dimos las gracias por el tiempo y la energía que había compartido con nosotros.

SEGUNDA PARTE
Una iniciación chamánica

Como ya vimos, don Lucio vive en un pequeño pueblo del estado de Morelos. Hace más de 30 años que fue iniciado en el arte de curar y de controlar tormentas y granizos con el objeto de cuidar que las cosechas de su región no sufrieran daños.

Un día, mientras cuidaba sus vacas en el campo, don Lucio vio una esfera multicolor que se le aproximaba. Al tratar de atraparla, perdió el sentido. Al recuperarse, se percató de que había sido herido por un rayo. Regresó a su casa y su esposa se sorprendió por su olor a quemado.

A los ocho días, estando de nuevo en el campo, empezó a ver pequeños seres que lo llamaban. Al día siguiente dejó de comer y empezó a perder el interés en la vida cotidiana. Asustada, su esposa trató de curarlo, pero sin éxito. Poco a poco empezó a entrar en estado de coma y así se mantuvo durante tres años.

Don Lucio cuenta que, mientras su cuerpo se mantenía inconsciente y alimentado artificialmente, su espíritu estaba despierto y recibiendo enseñanza, la cual le era otorgada por los "trabajadores del tiempo", seres espirituales encargados de mantener el equilibrio atmosférico del planeta.

Durante el primer año de su enseñanza e iniciación como chamán, don Lucio viajó con los trabajadores del tiempo a todo lo largo y ancho de la Tierra, mientras le enseñaban cómo controlar las tormentas, desviar los granizos y "disparar el rayo". Durante el segundo año, don Lucio fue entrenado para reconocer hierbas medicinales y recibió instrucciones acerca del arte y las técnicas de curación.

Los trabajadores del tiempo, estos "seres etéreos", según don Lucio, forman parte de rebaños que se distinguen por sus colores. Existen rebaños blancos, amarillos, verdes, negros y de otros colores. Cada uno de ellos representa una nación y un estado de conciencia. Don Lucio considera que México es el rebaño de color blanco por su capacidad de estar en el Ser o centro de la conciencia.

Cada rebaño, a su vez, está comandado por un pastor que lo guía y es el encargado de su desarrollo. Los pastores están comandados por el "pastor de pastores", al que don Lucio atribuye funciones divinas.

Después de recorrer todos los rebaños y de conocer a sus pastores, don Lucio llegó a un valle magnífico, en el centro del cual se encontraba el pastor de pastores. Este último lo recibió y felicitó por haber llegado tan lejos en su desarrollo. El chamán le pidió poder seguir aprendiendo, y el sumo pastor le indicó una vereda. Don Lucio se enfiló por ella y llegó a tres montañas, más allá de las cuales ya no existía camino. En ese pasaje, este chamán recibió su última enseñanza, la cual consistió en aprender a distinguir el bien del mal y en conocer la conducta humana. Más tarde, el pastor de pastores le ordenó regresar a su cuerpo físico y usar lo que había aprendido en beneficio de la humanidad doliente sobre la Tierra.

Don Lucio hizo lo que se le solicitó y se dedica, hasta la fecha, a curar y a proteger los plantíos de su pueblo de tormentas y otros percances.

Alrededor de don Lucio se ha formado un grupo de discípulos que aprende a usar hierbas medicinales y otras técnicas terapéuticas.

Don Lucio utiliza la "limpia" para reorganizar la energía corporal y las "vistas" para diagnosticar. Las limpias las ejecuta auxiliándose de huevos de granja, los que, al ser frotados contra el cuerpo de sus pacientes, absorben malas energías. Las vistas se obtienen al depositar estos huevos en el interior de vasos transparentes llenos de agua. Dependiendo de las formas proteicas, burbujas, disposición de la yema, etcétera, don Lucio hace una interpretación diagnóstica en la que no faltan referencias a espíritus y trabajos hechos por envidias y odios.

Algunos de sus discípulos son "coronados" por este chamán. La coronación es una ceremonia iniciática que coloca al aspirante como servidor del tiempo. Esta es una categoría humana, un nivel por debajo de la etérica de trabajador del tiempo. El servidor del tiempo es capaz de curar y de manejar las condiciones atmosféricas, guiado por uno o varios protectores de entre los trabajadores del tiempo.

Un ejemplo de un proceso iniciático me fue relatado por el mismo don Lucio.

Gobi, una muchacha norteamericana que residía en Taxco, fue divisada por un rebaño de trabajadores del tiempo. Uno de estos espíritus fue atraído por la muchacha. Este trabajador solicitó permiso para convertirse en protector y guía de Gobi. El permiso fue concedido por el Señor, que previamente se aseguró de que las intenciones del trabajador estuvieran dirigidas hacia el perfeccionamiento de la muchacha.

El trabajador, en forma de nube, fue a buscar a Gobi y se encontró con la desagradable noticia de que ya no vivía en Taxco. La aspirante fue localizada en los Estados Unidos, a donde había ido de visita. El trabajador esperó a que Gobi tomara un avión de regreso a México y, cinco minutos después del despegue, lanzó un rayo al aparato en que viajaba la muchacha. El avión logró aterrizar y Gobi subió a otro para continuar con su viaje. Nuevamente, cinco minutos después del despegue, el trabajador del tiempo lanzó otro rayo al avión y golpeó la ventanilla en la cual se encontraba Gobi. La nave se tambaleó, pero continuó su viaje con una Gobi mareada y casi inconsciente. Al llegar a México, la joven se seguía sintiendo mal y llamó a un amigo, que la llevó con don Lucio. Este, comprendiendo lo que había sucedido, coronó a Gobi y le informó que su protector le había regalado dos "jardines": el don de curación y el poder de manejar los elementos atmosféricos.

Esta increíble iniciación no es común, aunque el haber recibido una descarga eléctrica (el rayo) se considera, entre los servidores veteranos, una señal segura de elección por parte de los trabajadores del tiempo.

Don Lucio dice ser capaz de desprenderse de su cuerpo y, en espíritu, trabajar en el tiempo recorriendo el planeta y haciendo buenas obras. Los espíritus le indican cuándo vendrá un paciente y le recomiendan medicinas y procedimientos curativos y terapéuticos.

Una vez al año, el 5 de mayo, don Lucio, sus discípulos y los miembros de otros linajes de servidores del estado de Morelos se reúnen en una cueva situada entre los volcanes Popocatépetl e Iztaccíhuatl: El Caleca, en donde reciben fuerza para poder enfrentarse a las fuerzas del mal y así ayudar a sus comunidades. Resulta interesante descubrir que existen similitudes entre los chamanes mexicanos y los de otras latitudes, como los de Siberia. Según Mircea Eliade, los chamanes siberianos también son iniciados por el rayo, y los hay que se dedican, como don Lucio, a curar y a defender sus comunidades contra las condiciones atmosféricas adversas.

Nos encontramos, pues, frente a un desarrollo peculiar de la conciencia, no menos real y significativo que el de la conciencia occidental, tan preocupada por las condiciones materiales y tan alejada de la espiritualidad.

En contraste, los linajes de servidores del tiempo del estado de Morelos mantienen una estrecha vinculación con órdenes de la realidad puramente espirituales. El mismo don Lucio distingue dos mundos: el de los objetos visibles y el de los seres invisibles. Este último, según él, es un mundo de trabajo, sin odios, discriminaciones ni prejuicios. Todos en él trabajan en obras de bondad. Por ello, cuando a don Lucio le fue ordenado regresar a su cuerpo en la Tierra, lo primero que sintió fue que lo mandaban al infierno. Estuvo, de hecho, a punto de negarse, pero recordó quién lo solicitaba, ¡el pastor de pastores!, y accedió.

La iniciación de don Lucio

Lo que continúa es la reproducción casi literal del relato de la iniciación de don Lucio al chamanismo, narrada por él mismo al autor, durante una conversación hecha en el recinto de los altares de su casa.

Obtener un relato de este tipo requiere de la confianza del chamán y esta solo se logra después de pasar por pruebas de intención. En este caso, don Lucio permitió inclusive la reproducción de su relato.

Encontré a don Lucio jugando con su nieto recién nacido en el extremo de una pequeña mesa de madera, en donde comía el resto de su familia. Las risas se mezclaban con los vapores que humeaban del temazcal, seguramente preparado para la recién parturienta madre. Me recibieron como si fuera otro miembro más de la familia y me hicieron acompañarlos. Yo venía de Tepoztlán y de pronto sentí que el pueblo de don Lucio era mucho más mi verdadero hogar.

El nieto de don Lucio me miraba, plácido y relajado, mientras su abuelo, casi sordo, me decía que Dios lo había bendecido de nuevo. Yo sentía un fuego interno casi insoportable y había decidido venir a visitar a don Lucio para pedirle consejo. Él pareció entender mi urgencia y me invitó al cuarto contiguo, en el cual una mesa llena de estatuillas y velas servía de altar junto a dos pequeñas sillas de madera.

Nos sentamos uno frente al otro y don Lucio se percató de que su veladora roja había desprendido toda su parafina a través de una grieta en el vaso de vidrio que la contenía.

—Se tronó por demasiado calor —me dijo con una sonrisa.

Yo lo entendí como reflejo del fuego que me consumía.

Don Lucio me miró a los ojos y sentí que me traspasaba.

—Hay que conservarse —me dijo con seriedad—. En estos tiempos el mal anda suelto y trata de meterse, pero uno debe rechazarlo para mantenerse en alto. Nada debe hacer caer, y con la ayuda de Dios todo se arregla.

Me gustaron sus palabras. Eran un reflejo exacto de lo que sentía y se las agradecí. Después de un instante de silencio concentrado, prosiguió:

—Es como el otro día. Ya ve que hasta en el tiempo se refleja el otro y trata de dejarnos sin cosechas. Vi en el cielo una nube negra como remolino y me di cuenta de que de las cuatro direcciones venían igualitas nubes, todas arremolinando y dando vueltas. Me dije que aquello era muy grave y que una gran batalla se estaba dando allí en el cielo. Tomé mi luz y la puse del lado derecho, y del izquierdo, prendí mi carbón y me preparé para sahumar. Yo me senté en medio de ambas en la puerta de mi casa, preparado para rechazar aquellos seres. Empezó a granizar y, mire, Jacobo, en un instante la tierra se blanqueó. Me puse fuerte y las mandé para arriba. Y allí se fueron, rápido como habían venido; se divisaban dirigiéndose hacia Tepoztlán y Zempoala las condenadas.

No pude ocultar mi alegría. Reía y de puro gusto palmeaba a don Lucio, quien hacía lo mismo que yo.

—Es lo mismo con la gente —dije yo de improviso, asombrándome de mis propias palabras—: se tratan de introducir en uno como las nubes y es necesario mantenerse apartado.

—Así es —me contestó mostrándome su mano izquierda—. ¿Ves estos dedos? Pues con ellos aprendí a dirigir el rayo.

El súbito cambio en el tema de la conversación me tomó desprevenido. Yo estaba planteándome una pregunta que no tuvo tiempo de subir a la superficie de mi conciencia, pero después de la observación de don Lucio apareció con claridad. ¿Quiénes eran los seres tras las nubes?

Se la planteé a don Lucio y él me miró sorprendido.

—¡Pues ¿qué no le he contado?!

—A lo mejor, pero ya no me acuerdo —le contesté con timidez.

—Ah, caray, Jacobo… Pues ahí le va. Mire, el otro día en el campo, un árbol fuerte y de tronco muy ancho amaneció sacado de la tierra con todo y raíces y volcado sobre el trigal de un compadre. A mí me llamaron para que lo fuera a ver y diera testimonio. El árbol había sido extraído del suelo por una mano muy fuerte y dejado a una distancia de su origen, sanito, sin una muestra de daño, completo con todo y sus ramas. Yo supe que eso lo habían hecho los del tiempo, que son muy fuertes y que trabajan juntos. Yo también hacía esos trabajos cuando andaba con ellos.

—¿Y cómo llegó con ellos? —le pregunté con ganas de volver a oír la historia.

—Bueno, pues ¿qué no le he platicado, hombre? Mire —prosiguió con decisión—, un día me llevé mi ganado a pastar al monte. Allí estaba como a las tres de la tarde, cuando de pronto *voltié* al cielo y vi como una pelota, hecha de gajos de todos colores, que se me acercaba muy rápido. La pelota esa brillaba y estaba tan bonita que estiré mis brazos para tratar de atraparla. Así estaba, cuando de pronto todo se volvió negro.

"Como a las cinco y media me desperté en el suelo, sin saber qué es lo que había pasado. Corrí a ver a mis vacas y al tocarme la cabeza la sentí húmeda y sin sombrero. Me sorprendió eso y volví a buscar mi sombrero. Vi que el pasto en donde había estado estaba aplanado y de pronto me acordé de lo que había pasado. Me dio un miedo de muerte porque entendí que me había caído el rayo encima. Corrí hacia mi ganado y me encontré con un amigo. Le dije que quería guarecerme en mi casa por temor de que el rayo me volviera a encontrar. Mi amigo se rio de mí y me dijo que aun en la casa podría suceder. Entendí que tenía razón y me conformé. ¡Al fin y al cabo en todos lados era lo mismo!

"Me senté sobre una piedra a contemplar el campo. Hacía un sol muy bonito y yo me sentía bien, pero con un hambre del carajo. Nunca había sentido tanta hambre. Me levanté y llegué a mi casa. Mi mujer estaba embarazada de mi primer hijo y no le quise decir nada para no asustarla. Le pedí que me ayudara a quitarme mi gabán y ella se acercó y olió a quemado. 'Pues ora, ¿de dónde es ese olor?', me preguntó. Yo no le dije nada. Comí como desesperado, pero esa fue la última vez que lo hice. A partir de ese día ya no quería comer y a los 15 días estaba yo en los puros huesos.

"Me enfermé de muerte, Jacobo, y me tenían que llevar cargando de un lugar a otro porque yo no podía ni caminar. Les pedía que me dejaran morir en mi cama y ya no me pasearan porque nada más me daba vergüenza. Me llevaron a médicos, a centros de curación y nadie sabía qué me pasaba. Así me pasé tres años de mi vida. Mi cuerpo estaba de muerte, pero mi espíritu se había desprendido y estaba con los del tiempo… Conocí muchas cosas, Jacobo, y recorrí los rebaños de todos colores y sus pastores.

—Oiga, don Lucio —interrumpí—, ¿de dónde son los seres de los rebaños?

La expresión de don Lucio cambió. Me miró fijamente a los ojos como preguntándome si hablaba yo en serio y después me palmeó la espalda riéndose.

—¿Cómo que de dónde son los seres de los rebaños? —dijo riéndose—. ¡Qué pasó, Jacobo, qué pasó! ¿En dónde anda su cabeza? Pues somos nosotros… ¡Sí, hombre, nosotros somos los rebaños! ¿Qué a poco no sabe? ¡Caramba!

Me sentí apenado, aunque la interrogante seguía en mi interior. Miré inquisitivamente a don Lucio y él pareció adivinar mi duda. Se clareó la garganta y prosiguió diciendo:

—Los colores son varios, blanco, amarillo, después oro, negro. A ver, Jacobo, ¿de dónde salen los colores?

—Pues… yo no sé, don Lucio.

—¡Ay, carajo! Pues ¿dónde anda esa cabeza, hombre? Mire, los blancos somos nosotros, los mexicanos; los güeros son los americanos; los de oro son, pues, los alemanes.

—Yo creía que los negros eran los americanos, don Lucio.

—No, hombre, qué pasó, qué pasó, todos somos iguales y más allá más, entre los del tiempo. Allá sí se trabaja en igualdad aunque siguen existiendo los colores.

—¿En qué se trabaja? —pregunté con curiosidad, sintiéndome como un niño chiquito frente a un enorme y sabio viejo.

—Eso sí que es bonito —dijo don Lucio con una sonrisa—. Existen muchos trabajos, pues ¿qué?, ¿no le he contado? El primer año estuve trabajando con el tiempo. Caminaba con los rebaños de un lado hacia el otro. Allí, en un minuto uno camina de México a Estados Unidos. Vigilábamos las nubes y los relámpagos y dábamos vueltas alrededor del mundo cuidando y cambiando el rumbo de las tormentas. Mire, ¿ve esta mano? De los dedos salían luces para mover los rayos.

"El segundo año estuve trabajando la tierra. Aprendí a reconocer las semillas y a plantar y cosechar. Hoy sé cómo cuidar el maíz, el trigo, el frijol, las habas, todo lo que se puede plantar.

"El tercer año conocí todos los rebaños y sus pastores. Como ya le dije, los rebaños son de todos colores y el primero de ellos es el blanco y ese somos los mexicanos.

Yo había estado en una reunión en Tepoztlán en la cual un arqueólogo, Alexander von Wuthenau, había defendido la tesis de que México había sido visitado por hombres de todas las civilizaciones mucho antes de Colón. Yo le había preguntado si eso significaba que el mexicano actual era el producto de la mezcla de todas las razas y él había dicho que sí. La luz blanca es la mezcla de todas las luces y eso coincidía con lo que decía don Lucio. Se lo hice saber y él me contestó diciendo que en México estaba el centro.

—Así es, Jacobo, México es el centro y por eso nos visitaban tanto, nosotros tenemos esa luz.

Yo acababa de regresar de India y Nepal y la observación de don Lucio reflejaba mi propia opinión. El mexicano parecía poseer el contacto con el centro mismo de la conciencia, sobre todo el mexicano del campo.

—Por eso mismo antes no soportábamos a los extranjeros. Los sentíamos lejos y extraños de ese centro y eso nos resultaba muy difícil —me dijo don Lucio con convicción.

—Es que ese centro —añadí yo— es el más grande tesoro, es de allí que se puede sentir el infinito. Es nuevo cada instante y al mismo tiempo igual. Desde allí se puede curar y todo adquiere significado.

—Así es —dijo don Lucio palmoteándome la espalda—. Veo que usted me entiende, y, por eso, véngase un día de madrugada y en ayunas para que pueda tener el testimonio de los colores de los rebaños. Eso es muy importante saberlo, mucho muy importante.

Obviamente la invitación me sedujo y le dije que vendría un sábado a dar testimonio.

Le recordé a don Lucio que me estaba contando su encuentro con todos los rebaños. Se aclaró la garganta y continuó su relato:

—Caminaba entre ellos y, así, un día llegué a un valle muy grande, en donde estaban reunidos todos los rebaños y sus pastores. Las montañas estaban llenas de ellos y todo se veía muy precioso. A la mitad del valle estaba el pastor de todos los pastores, sentado en una roca con una barba blanca muy larga y un bastón sobre sus rodillas. Yo estaba en la orilla del valle y cuando los rebaños se sintieron abrieron camino. Caminé entre ellos y poco a poco me fui acercando al pastor mayor. Cuando llegué a él me miró y recogió su bastón. Me dio la bienvenida y me dijo que yo estaba allí gracias a la voluntad de Dios. Me preguntó si deseaba seguir hasta el final del camino y, al decirle que sí, me señaló una vereda y me indicó que, después de recorrerla, regresara a donde él estaba.

"Así que seguí caminando hasta que llegué a una montaña que obstruía el camino. Otras dos montañas a los lados resguardaban un pequeño valle. A la izquierda, una cruz con el Cristo en ella me miraba. Jesús estaba allí, sin clavos, por su propia voluntad. A la derecha había tres arcones y un vigía. Me acerqué al primero y el que lo cuidaba me preguntó si deseaba ver su interior. Le dije que sí y lo abrió. Un agua cristalina estaba allí revoloteando tranquila. Unas gotas me salpicaron y una me cayó en la frente. Comprendí que era el líquido del bien. La segunda caja contenía un líquido cenizo y turbio y también daba vueltas y revoloteaba en remolinos.

—¿También fue salpicado por esa agua? —pregunté.

—Sí, también, y entonces se me dijo que la tercera caja era terrible y que, si quería, no me la enseñarían. Me negué y la tapa fue abierta. Un remolino terrible la lanzó al aire y pude ver el interior. Animales horribles vivían adentro. Víboras espantosas se cruzaban con ranas y sus bocas venenosas salían de la superficie de un líquido muy oscuro tratando de morderme.

"Después de ver todo eso regresé con el pastor mayor. Me dio la bienvenida de nuevo y me dijo que todo me había sido mostrado porque esa había sido su voluntad. 'Ahora', me siguió diciendo, 'es mi voluntad que regreses a tu lugar de origen y allí recibas a todos estos rebaños y los orientes hacia la luz y los despejes'. Yo me sentí morir. Después de tres años de estar en la gloria me hacían regresar al infierno de la Tierra. A pesar de mi disgusto, acepté mi misión, pero le pedí al pastor que su presencia me acompañara en mi trabajo. 'No solo eso', me contestó, 'también tendrás la ayuda del mundo espiritual'.

"Regresé, pues, a este mundo, y una tarde le dije a mi mujer que me ensillara una burrita. Así lo hizo y monté en ella y me fui al campo. Encontré un prado junto a un árbol y allí me acosté. Me levanté después de unas horas y regresé a mi casa. Mi mujer me recibió y poco a poco me fui curando yo solo con ayuda del campo.

"El pastor mayor también me permitió cobrar mis curaciones y darme tiempo para cultivar el campo y así mantener a los míos.

"Un día vino un señor al que lo había yo ayudado. Me ofreció darme un puesto en el Seguro Social, en la Ciudad de México, para hacer mi trabajo. Yo le dije que no, nada más lo miré a los ojos y le dije que pues ¿qué pasó?, que yo no quería volverme como uno de ellos, sino más bien mantenerme responsable de mi trabajo. Él me insistió, me dijo que tenía muchas influencias y que nada más era cuestión de que yo firmara unos papeles y eso bastaba para asegurarme de por vida. Pues ¿qué pasó?, le volví a decir y me volví a negar. Él se enojó y me dijo que yo no aceptaba ni lo regalado. Luego, pues yo me doy cuenta de que aquí es mi lugar y aquí recibo a las gentes de los rebaños. A veces vienen sacerdotes y yo les pregunto acerca de sus rebaños y ellos no entienden de qué les hablo. Hágame favor, si ellos no entienden, ¿entonces quién?

"Un sacerdote siempre me viene a pedir mi bendición. Pues ¡esa sí que es grande! ¡Yo dándole la bendición a un sacerdote! Y cuando le pregunto que por qué, él me dice que es porque siempre le va bien cuando yo lo bendigo.

"Ahora cuido los campos y alejo a los seres malos que quieren acabar con las cosechas y les digo a los campesinos que vayan a bendecir sus cohetes y que los hagan tronar en el aire cada vez que venga una nube mala, y así lo hacen y todo va muy bien.

"Usted, Jacobo, venga a dar testimonio cuando usted quiera. Aquí lo espero.

Correlativos psicofisiológicos

No me siento capacitado para juzgar a qué realidad pertenecen las experiencias que vivió don Lucio durante los tres años de su iniciación como chamán. De lo que sí soy capaz es de establecer un paralelismo entre ellas y la organización del cerebro. Este paralelismo existe y la labor de analizarlo es fascinante. Esto quiere decir que la realidad que vivió don Lucio se refleja y es un reflejo de la organización y del funcionamiento del cerebro humano. Obviamente, este paralelismo no es exclusivo del cerebro simplemente porque su organización es un reflejo de otros órdenes y niveles de la naturaleza. De hecho, la forma en la que está organizada la información en el espacio es la misma que la de la organización cerebral.

Lo anterior implica que el patrón de experiencias de don Lucio es isomórfico con respecto al cerebro, al espacio y a otros órdenes de la naturaleza. Con el objeto de realizar este análisis, recapitularé algunas de las experiencias clave de don Lucio y describiré sus correlativos psicofisiológicos.

En primer lugar, los conceptos de *rebaño* y *pastor*. Don Lucio describe la existencia de rebaños de todos los colores comandados por pastores guías.

En relación con la contraparte cerebral de los rebaños y sus pastores, se sabe que la corteza cerebral es la más evolucionada de todas las estructuras del cerebro y que está formada por unidades funcionales que se repiten a todo lo largo y ancho de su tridimensionalidad.

Estas unidades son circuitos complejos que interconectan capas corticales a través de fibras e interneuronas.[1]

La codificación de la información que viaja por las unidades corticales sufre procesos complejos de integración. En ellos, patrones de actividad son reducidos a *algoritmos neuronales*[2] a través de la activación de circuitos de inclusión por convergencia.[3] Un ejemplo de este procesamiento inclusivo es la activación de una célula compleja cortical como resultado de la convergencia de información proveniente de células simples de la misma corteza. Otros ejemplos son la activación de células polisensoriales de la corteza parieto-temporal como resultado de la llegada de impulsos neuronales provenientes de muchas fuentes.

---

1. Thatcher, R., comunicación personal, 1984.

2. Un algoritmo es un patrón, modelo o fórmula matemática que contiene información concentrada capaz de ser decodificada para reconstruir el original del cual se obtuvo el algoritmo.

3. Grinberg-Zylberbaum, J. "Retrieval of Learned Information. A Neurophysiological Convergence Divergence Theory", *Journal of Theoretical Biology*, vol. 56, núm. 1, 1976, pp. 95-110.

Lo que quiero dar a entender a través de esta descripción es que un patrón algorítmico de alta inclusión por convergencia podría considerarse como un modelo neuronal de un pastor, mientras que el conjunto de unidades funcionales que lo alimentan (al algoritmo neuronal) sería su rebaño.

El concepto de *pastor de pastores* también tiene una contraparte cerebral, pero ella requiere, para ser comprendida, de algunas consideraciones preliminares.

Si el pastor de pastores es el integrador de todos los rebaños, su función debe ser la de unificación y coordinación de los más o menos diferenciados rebaños.

En el caso del cerebro, una medida de la mayor o menor diferenciación funcional entre diferentes regiones corticales es la coherencia.[4] Cuando se registra una alta coherencia entre dos zonas de la corteza, esto implica una alta redundancia en el manejo informacional de las unidades involucradas y un elevado flujo informacional entre estas. Por el contrario, una coherencia baja implica un elevado nivel de diferenciación en la información manejada por las neuronas. Los particulares flujos energéticos entre unidades localizadas en diferentes regiones corticales determinan no solamente diferentes patrones algorítmicos unificadores de su actividad, sino diferentes cualidades sensoriales asociadas. Los colores diferenciados de los rebaños podrían estar asociados con estas características globales.

Por otro lado, estudios de coherencia[5] han demostrado que la corteza occipital es la que posee menor coherencia,

---

4. La coherencia es una medida de similitud.

5. Thatcher, R., comunicación personal, 1984.

y la corteza frontal, la mayor. La alta coherencia del lóbulo frontal y sus conexiones con el resto de la corteza a través de fibras axiónicas de gran longitud puede conceptualizarse como si este polo de la más reciente evolución cerebral actuase como un coordinador general del estado de diferenciación o de coherencia del resto del cerebro. Una situación similar debe estar asociada con la función de estructuras de alta convergencia informacional, como la corteza parieto-temporal o algunas estructuras subcorticales, como el núcleo caudado,[6] y podría concebírselo como un modelo neuronal del pastor de pastores de la iniciación chamánica de don Lucio.

Es posible suponer que cuando la coherencia de todo el cerebro se incrementa, con lo cual unifica así su actividad, la experiencia subjetiva debe hacer lo propio. En un estudio recientemente concluido, se encontró que una alta coherencia intra e interhemisférica se correlacionaba con un estado interno de unificación, equilibrio y contacto con el Yo. En cambio, cuando la coherencia disminuía, la sensación asociada era de falta de unificación y de ausencia de contacto con el Yo.[7]

El arribo al Yo ocurre, normalmente, después de que un sujeto, en el proceso de su desarrollo normal, ha recorrido una serie de experiencias, las ha integrado y ha hallado lo que de común tienen todas ellas, es decir, el ser experiencias incluidas dentro del mismo sujeto o conciencia.

---

6. Grinberg-Zylberbaum, J., y Roy John, Erwin, "Evoked Potentials and Concept Formation in Man", *Physiology and Behavior*, vol. 27, núm. 4, 1981, pp. 749-751.

7. Grinberg-Zylberbaum, J., *Brain Coherence Correlates of the Self*, 1984.

En términos psicofisiológicos, el Yo surge cuando el proceso de *neuroalgoritmización*[8] y de asignación de significados ha llegado a un nivel en el cual la incorporación de nuevos datos ya no altera la estructura del algoritmo "final". Anatómicamente, este debe implicar un desarrollo y activación de los circuitos de decodificación por convergencia y una "decantación" de patrones neuronales complejos hasta lograr un manejo algorítmico total de la actividad cerebral. Este proceso ya lo he descrito antes con mayor detalle,[9] por lo que solamente añadiré aquí que debe implicar un aprendizaje de control de la coherencia global del cerebro. Idealmente hablando, un sujeto alcanza un óptimo desarrollo cuando logra mantener una diferenciación de experiencias sobre un fondo constante de integración yoica. En otras palabras, cuando es él mismo en cualquier situación y ante diferentes experiencias.

En su iniciación, don Lucio pareciera haber reproducido este proceso desde su encuentro con cada uno de los rebaños y sus pastores hasta su conocimiento del pastor de pastores o integrador central de todos los rebaños. Su visión de un valle repleto de todos los rebaños y el pastor mayor sentado en el centro se antoja como una visión global de todas las unidades funcionales de la corteza y el polo frontal orquestando la actividad de todo el conjunto.

Esta visión sugiere que el viaje de don Lucio fue un trayecto a través de sus propias estructuras y un encuentro

---

8. Neuroalgoritmización se refiere al proceso mediante el cual el cerebro activa patrones de alta concentración informacional.

9. Grinberg-Zylberbaum, J., *El espacio y la conciencia*, México: Trillas, 1981.

consigo mismo. En este contexto, la transformación hecha por la conciencia de don Lucio, percibiendo las unidades corticales como rebaños, sus patrones algorítmicos como pastores y la activación de una estructura cerebral polisensorial y de máxima convergencia como el pastor de pastores, es producto de la educación campesina de don Lucio y de su concepto de realidad asociado a su entorno. Parecería que el rayo que alcanzó a don Lucio modificó todo su funcionamiento interno e hizo que su conciencia lograra penetrar en áreas de sí mismo que generalmente permanecen bloqueadas y sin acceso. Sin embargo, la insistencia de don Lucio acerca del carácter externo de su viaje debe ser tomada en consideración, lo mismo que su capacidad para ejercer control sobre las tormentas.

En este sentido, existe una teoría (la teoría sintérgica) que postula que el cerebro es capaz de crear un campo energético (el campo neuronal) que se irradia a partir de la estructura del cerebro, la abandona y se interna en el espacio extracraneano. Aquí interactúa con la matriz energética del espacio-tiempo, lo que da lugar a un *patrón de interferencia*[10] hipercomplejo que construye la estructura energética de la experiencia. Según la teoría sintérgica,[11] el patrón de interferencia es decodificado y transformado en experiencia consciente por el observador o Ser a través de la mediación de un factor de direccionalidad. Este último interactúa con porciones limitadas del patrón de interferencia y las

10. Un patrón de interferencia aparece cuando dos ondas de cualquier morfología se entrecruzan o interactúan.

11. Grinberg-Zylberbaum, J., *El espacio y la conciencia*, *op. cit.*

transforma en experiencias específicas. Puesto que no existe límite teórico para la expansión del campo neuronal en el espacio y, por lo tanto, el patrón de interferencia permea tanto el interior como el exterior de la estructura orgánica del cerebro, el factor de direccionalidad podría ser capaz de transformar en experiencia consciente cualquier porción del patrón de interferencia tanto en el interior como en el exterior del cerebro.

Desde este punto de vista, don Lucio probablemente fue capaz de decodificar zonas extracraneanas de su patrón de interferencia, con lo que experimentó así niveles de realidad desconocidos para el resto de nosotros.

La descripción de la atemporalidad durante sus viajes y de su capacidad para trasladarse de una localización geográfica a otra sin intervalos apreciables está de acuerdo con lo anterior, porque precisamente una de las características del factor de direccionalidad es la de ser posible focalizarlo en diferentes regiones del espacio sin que medien intervalos temporales apreciables entre cada una de sus localizaciones. En este sentido, la experiencia consciente tiene un comportamiento cuántico.[12]

De acuerdo a la teoría sintérgica,[13] cuando el factor de direccionalidad es capaz de enfocarse sobre el observador, la experiencia resultante es la del Yo o *Self*. Correlativamente con esta experiencia es posible demostrar la existencia de un incremento notable en la coherencia interhemisférica.[14]

---

12. Grinberg-Zylberbaum, J., *Brain Coherence Correlates of the Self*, *op. cit.*

13. Grinberg-Zylberbaum, J., *El espacio y la conciencia*, *op. cit.*

14. Grinberg-Zylberbaum, J., *Brain Coherence Correlates of the Self*, *op. cit.*

Probablemente esto último aconteció cuando don Lucio pudo ver a todos los rebaños juntos con el pastor de pastores en su centro.

Por último, el control que los graniceros dicen ejercer sobre las nubes, los rayos y las tormentas podría estar relacionado con un control maestro sobre el factor de direccionalidad y la interacción de campos energéticos en la estructura del espacio.

II

DOÑA PACHITA DE LA CIUDAD DE MÉXICO

Cuando movemos un brazo o emitimos una palabra, no necesitamos ser conscientes de los patrones neuronales que debemos activar para hacer el movimiento o la verbalización. Simplemente deseamos la acción y esta aparece; entre el deseo y su satisfacción existen niveles automatizados de codificación. En otras palabras, una serie de circuitos preordenados se ponen a funcionar, y de su actividad automática depende la correcta y precisa emisión.

Generalmente, nuestro cuerpo físico es el único instrumento que nuestra psique es capaz de controlar en una interacción mente-materia relativamente directa y con un mínimo de latencia.

Algunos de nuestros chamanes, sin embargo, han aprendido a expandir la interacción antes mencionada hacia objetivos externos a su cuerpo físico. Aunque la evidencia acerca de lo anterior no deja lugar a dudas sobre su veracidad, el mecanismo implicado es todavía un misterio.

Personalmente tuve la oportunidad de observar de forma directa el trabajo de una de las más grandes chamanas de nuestro país: doña Pachita, de la Ciudad de México, y de comprobar no solamente su capacidad para afectar la materia con su mente, sino cómo la usaba para llevar a cabo milagrosas operaciones quirúrgicas.

Bárbara Guerrero era el nombre de nacimiento de Pachita. La conocí cuando estaba a punto de cumplir 80 años de edad, pero todavía mostraba fuerza y poder envidiables. La encontré en una reunión en la residencia Lázaro Cárdenas de Los Pinos. Una semana antes, Margarita López Portillo, hermana del presidente, me había sido presentada y, después de una conversación acerca del estado de la conciencia de México, me invitó a esa reunión.

El salón en el que nos encontrábamos era amplio, asoleado y lleno de jaulas enormes, con pájaros traídos de todas las regiones del país, que permanecían plácidos y en relativo silencio. De pronto y al unísono, todos los pájaros empezaron a trinar y el volumen de sus sonidos, sumados entre sí, nos ensordeció, lo que nos hizo voltear en todas direcciones, tratando de encontrar la razón de tan estrepitoso acontecimiento.

Junto a la puerta de entrada al salón, una figura rechoncha, bajita y de un andar simpático y risueño estaba penetrando. No cabía duda alguna de que los cantos de los pájaros estaban relacionados con esa mujer, la que vestía humildemente, cubierta por un suéter viejo, y se nos acercaba sonriente. Era Pachita, y los pájaros de México le habían dado la bienvenida.

Yo estaba pasmado con el acontecimiento y no podía apartar la vista de esa mujer, la que cada vez me parecía más bella y profunda.

Pachita se sentó en una silla frente a Margarita y, sin preámbulo alguno, la interpeló:

—¿Por qué hay tantos impuestos, Margarita? ¿No ves que el pueblo se está muriendo de hambre?

Yo noté que la expresión de Margarita cambiaba y que miraba, como yo, la manga raída del suéter de Pachita. (Después supe que Pachita se había vestido, a propósito, con su ropa más vieja). López Portillo le contestó, en un susurro:

—Te juro que yo no tengo nada que ver con los impuestos, pero te prometo que se lo voy a decir a mi hermano.

Después, nos sirvieron café. Un mayordomo de levita sosteniendo una charola se acercó a Pachita y se lo ofreció en una taza de porcelana. Ella la vio, burlona, y dijo en voz alta, como asegurándose de que todos pudiéramos oírla:

—¡A mí tráiganme café de olla!

El mensaje era claro y yo empecé a admirar a Pachita y a desear conocerla mejor.

Como si ella hubiera oído mis pensamientos, se me acercó y me invitó a ir a verla a su casa la siguiente semana.

Ya he descrito en dos libros[1] lo que vi en la casa de Pachita el primer día que fui a verla y lo que seguí observando durante los meses en los que tuve el privilegio de trabajar a su lado.

Aquí solamente haré un breve resumen de mis experiencias.

Genealogía

El origen del linaje de Pachita es totalmente desconocido. Existe alguna indicación en el sentido de que el trabajo

---

1. Grinberg-Zylberbaum, J., *Pachita*, México: Edamex, 1980; Grinberg-Zylberbaum, J., *Cuauhtemoctzin. Las manifestaciones del ser*, México: Editores Asociados Mexicanos, 1982.

hecho por esta chamana-nahuala era también ejecutado por algunos de los príncipes aztecas, entre los que se encuentra Cuauhtémoc, el último emperador azteca (las razones para suponer esto se verán más adelante).

Existen también evidencias acerca de trabajos similares a los que hacía Pachita grabadas en las piedras de Ica, descubiertas por el doctor Javier Cabrera, en Perú.[2] Estas evidencias inscritas en las piedras de Ica son altamente especulativas, pero sugieren que el origen de las habilidades que manifestaba Pachita se remonta a un pasado muy lejano de la humanidad.

Pachita decía que su linaje pasaba de generación en generación mediante parentesco directo. De esta forma, Pachita afirmaba que, después de su muerte, su trabajo sería hecho por uno de sus hijos del sexo masculino, el que a su vez lo heredaría a una hija, y así sucesivamente, hasta cumplir 10 generaciones.

Si es correcta la suposición de que el origen de las habilidades de este linaje es remoto, habría que cuestionar la concepción según la cual nos encontramos en la actualidad en un estado de superación tecnológica con respecto al pasado. En otras palabras, el trabajo de Pachita, como veremos enseguida, era extraordinario (tecnológicamente hablando), y, si su origen es remoto, habría que suponer que nuestros antepasados tenían conocimientos que nosotros desconocemos a pesar del aparente adelanto tecnológico en el que vivimos.

---

2. Cabrera Darquea, J., *El mensaje de las piedras grabadas de Ica*, Perú: Intisol, 1980.

Historia personal

Pachita nació en la ciudad de Parral, Chihuahua, al norte de la República mexicana, un día de diciembre del año de 1900. Fue abandonada por sus padres, por ser hija ilegítima, y adoptada por un personaje extraño, el cual se llamaba Charles, de origen africano y de tez negroide. Según una descripción hecha por la misma Pachita al autor del presente estudio, Charles se dedicó a enseñarle una serie de procedimientos de curación, manejo energético, visiones acerca de las estrellas y obtención de información oracular.

Charles regresó a su país cuando Pachita tenía 15 años de edad y, a partir de ese momento, Bárbara Guerrero vivió sola y con sus propios medios.

Cuenta Pachita que ella desconocía sus propias capacidades curativas y que en una ocasión, al asistir a un circo que se presentaba cerca de donde vivía, en el norte del país, se encontró con un elefante bebé que estaba muy enfermo; Pachita se acercó a este animal y lo curó. A partir de ese momento comenzó su carrera de curandera. Sin embargo, la época (1915) era impropia para la manifestación abierta de estas capacidades curativas, y, temiendo que la gente la considerara bruja y, por lo tanto, la persiguiera, Pachita ocultó sus habilidades.

Luchó junto a Villa durante la Revolución; fue soldadera. Después se dedicó a diferentes actividades: fue bailarina, trabajó vendiendo billetes de lotería y cantó en los camiones de la Ciudad de México, a la que llegó en una fecha desconocida para el autor.

Ya en edad adulta, se dedicó abiertamente a la curación. Se estableció en la Ciudad de México y empezó a recibir enfermos.

Modalidades de trabajo de Pachita

Las modalidades de trabajo de esta chamana-nahuala pueden ser divididas en cuatro grandes categorías. En primer lugar, lo que podría denominarse trabajo de diagnóstico; en segundo lugar, el trabajo quirúrgico; en tercer lugar está el manejo del espacio, la materia, la energía; y, por último, el trabajo iniciático o místico. Intentaré describir cada una de estas modalidades en las siguientes secciones.

Diagnóstico

Pachita usaba diferentes procedimientos, cada uno de ellos con una maestría inigualable.

Una de las formas de diagnóstico era la visualización de las palmas de las manos de los pacientes. A través de la decodificación de las formas de las líneas de las palmas, de su coloración y de aspectos que no eran posibles de dilucidar, Pachita diagnosticaba enfermedades específicas. Localizaba abscesos, tumores, úlceras o infecciones en órganos particulares.

Otra de las modalidades era la de tocar con sus manos zonas del cuerpo de los enfermos y, a través de algún mecanismo sensorial desconocido, detectar en las profundidades del cuerpo enfermedades, infecciones, tumores, etcétera. Algunas veces la vi usar huevos que frotaba contra la piel de los enfermos para obtener información acerca de los padecimientos que sufrían.

Pachita tenía también la capacidad sutil de diagnosticar algunas enfermedades con solo ver al paciente. Estas habilidades la llevaban inclusive a detectar enfermos a distancia y diagnosticar con exactitud sus alteraciones y procesos patológicos.

Modalidad quirúrgica

La principal actividad de Pachita era la de intervenir quirúrgicamente a sus pacientes. Las operaciones eran practicadas en un pequeño cuarto iluminado tenuemente con varias veladoras y adornado con un altar de siete peldaños en los cuales se podían ver cuadros y estatuas de Cuauhtémoc, de la Virgen de Guadalupe y de otros santos.

Las operaciones se llevaban a cabo en una de las esquinas del cuarto, en una pequeña cama de madera, sobre la cual se colocaba un hule espuma cubierto con un plástico transparente.

Los enfermos eran acostados en esa improvisada cama y, una vez descubierta la parte del cuerpo afectada por la enfermedad, un ayudante de Pachita mojaba un algodón con alcohol y frotaba el líquido sobre la piel. Después Pachita pedía su instrumento, que era un cuchillo de monte, de aproximadamente 15 centímetros de longitud; tomándolo con su diestra, localizaba la zona de incisión y, sin preámbulo, lo introducía y abría. La incisión generalmente era grande, con una consecuente hemorragia natural. Generalmente los enfermos se quejaban y manifestaban dolor, aunque no comparable con el que podría esperarse sin (como era el caso) la aplicación de anestésicos. En otras palabras, los enfermos no eran anestesiados; tampoco se les aplicaban sustancias de aletargamiento que permitieran explicar la ausencia de dolor interno cuando Pachita hacía las incisiones con su cuchillo. Algún mecanismo misterioso, sin embargo, amortiguaba el dolor. Después de la incisión, el cuchillo era introducido al interior del cuerpo. Tras una maniobra rápida, era extraído un tumor, cortando un pedazo de órgano o simplemente colocando en su lugar algún tejido.

Tuve la oportunidad de hacer un seguimiento de varios pacientes operados de tumores por Pachita. Recuerdo, por ejemplo, el caso de dos mujeres norteamericanas a quienes en Nueva York les habían diagnosticado tumores cerca de la matriz. Después de la operación, en la que estuve presente, ambas enfermas se fueron a recuperar a mi casa. Esto me permitió constatar los resultados. En la zona de incisión se observaba una pequeña cicatriz, parecida a lo que podía ser un diminuto rasguño.

Dos años después, en un viaje que hice a Nueva York, pude hablar con estas dos pacientes de Pachita y me confirmaron que sus tumores habían desaparecido después de la intervención y que no habían tenido ninguna molestia ni secuela posterior.

Pachita practicaba transplantes de órganos. En los casos en los que llegaba un enfermo con alguna alteración grave en uno de sus órganos, por ejemplo, un cáncer pulmonar, Pachita, con su cuchillo de monte, abría la piel, cortaba las costillas usando una sierra de plomero tipo vernácula, extraía el pulmón afectado y luego efectuaba el transplante. El órgano transplantado era absorbido extrañamente desde dentro del cuerpo y, después de hacer un ruido característico, como si se inflara un globo, la incisión se cerraba y el paciente era colocado en recuperación. Después de las operaciones, los pacientes eran vendados en la zona tratada, y durante media hora reposaban en el mismo cuarto (o quirófano) en el que se había hecho la intervención. De acuerdo con Pachita, este lapso de descanso servía para equilibrar los campos de energía del cuerpo a fin de que el paciente se recuperase; luego este era ayudado a reintegrarse a su hogar, donde debía permanecer 72 horas en reposo absoluto.

Los transplantes eran múltiples. Yo vi decenas de casos de pulmón, por lo menos cuatro de riñón y otras intervenciones que describo ampliamente en mi libro acerca de Pachita.[3]

En ocasiones, los órganos para los transplantes eran aportados por los mismos pacientes, quienes los conseguían en alguna morgue. Otras veces, era Pachita quien, mediante una materialización, hacía aparecer el órgano a ser transplantado.

Estas operaciones de materialización pertenecen a la tercera modalidad del trabajo de Pachita, es decir, el manejo del espacio-materia, cuyo procedimiento describiré enseguida.

Manejo del espacio-materia

En los casos de operaciones quirúrgicas que implicaban transplantes en los que los pacientes no podían conseguir el órgano a reponer, Pachita hacía unos movimientos extraños con sus brazos y manos en el aire, después de los cuales generalmente aparecía un tejido que era usado para el transplante.

Pachita realizaba materializaciones en forma cotidiana y sin prestarles mayor atención. Era capaz de alterar diferentes niveles de organización del espacio, de tal forma que lograba que un espacio transparente sufriera un cambio en su estructura fundamental y diera lugar a un objeto. Yo tuve la oportunidad de ver esto docenas de veces. Un día, inclusive,

---

3. Grinberg-Zylberbaum, J., *Pachita, op. cit.*

Pachita me entregó algo que había recién materializado: era un pequeño marco metálico cobrizo en forma ovalada y con vidrio, que contenía un óleo diminuto de un artista desconocido llamado Flo.

Un manejo también extraordinario del espacio-materia ocurría durante las operaciones. Por ejemplo, la utilización del cuchillo de monte era casi simbólica; el cuchillo realmente no era usado como bisturí, sino que parecía bastar el contacto de su punta con la piel para que esta se abriese. De igual manera, cuando las heridas se suturaban, no se usaba hilo ni aguja; un manejo similar del espacio-materia, de alguna forma, hacía que la abertura sufriera un proceso de inversión, y lo que antes se había abierto ahora se cerraba por sí solo.

Todas las situaciones de manejo quirúrgico, diagnóstico o de alteración de la estructura del espacio estaban acompañadas de una mística particular, en la que Pachita continuamente hacía referencia a Dios, al Padre y a una serie de entidades que le eran familiares. Esto nos lleva a la cuarta modalidad de su trabajo.

Modalidad iniciática o mística

Pachita afirmaba desconocer el mecanismo mediante el cual llevaba a cabo su trabajo. Inclusive afirmaba no tener conciencia de lo que hacía su cuerpo durante las intervenciones quirúrgicas o durante el manejo del espacio-materia. Decía que todas estas maniobras las hacía su protector, el que se introducía a su cuerpo para manejar su materia y ejecutar las milagrosas intervenciones sin la conciencia normal de Pachita.

Sobre esta conciencia, Pachita decía que la sentía como localizada en una especie de jardín, reposando, mientras su cuerpo era manejado por su protector, quien operaba.

El protector de Pachita era Cuauhtémoc, último emperador mexica. Aparecía en el momento en que se iniciaba el trabajo quirúrgico, cuando Pachita se sentaba en una silla antes de iniciar las operaciones. Ella cerraba los ojos, respiraba profundo, y, después de ejecutar una serie de movimientos extraños, de pronto aparecía una personalidad alterna que se presentaba con el nombre del tlatoani. Varias veces presencié este trance en el que Pachita transformaba su personalidad.

Cuando Cuauhtémoc aparecía, la voz de Pachita cambiaba, su cuerpo se mostraba más fuerte, su actitud pasaba de ser una cualidad femenina a otra masculina, su presencia se volvía regia, en el sentido más estricto de la palabra, y generalmente saludaba a quienes presenciábamos la metamorfosis diciéndonos: "En el nombre del Padre, yo os saludo".

Cuauhtémoc contaba que en su época, durante su reinado, los emperadores mexicas como él, además de aprender a dirigir el imperio desde el punto de vista político, aprendían a manejar la energía en procesos quirúrgicos similares a los descritos. Cuauhtémoc consideraba que su misión en la Tierra había sido interrumpida por la conquista española y que Pachita, por medio de su cuerpo, le ofrecía la oportunidad de concluir su obra. A este cuerpo de Pachita Cuauhtémoc lo denominaba "la envoltura de materia", y hablaba de él como si fuera un traje o herramienta que empleaba en forma directa para ejecutar las maniobras quirúrgicas y las otras modalidades de trabajo.

La aparición de esta personalidad alterna estaba siempre acompañada de un mensaje iniciático o místico, en el que se mencionaba la existencia de poderes sobrenaturales que guiaban el desarrollo de los acontecimientos del mundo. Cuauhtémoc contaba que él y un grupo de colaboradores de su nivel hacían trabajos de remodelación planetaria, de equilibrio energético planetario, de desviación de influencias negativas y de prevención de crisis en alguna o varias zonas del mundo. Esta última consideración nos lleva a cuestionar el concepto de realidad de Pachita y de su linaje.

Concepto de realidad de Pachita

Como vimos antes, Pachita consideraba que, además del mundo cotidiano del que ella era partícipe, existían realidades alternativas en las que convivían seres que tenían mayor poder y capacidad de modificación de eventos que los seres humanos. A estos seres Pachita los llamaba protectores y manifestaba tener uno propio. Afirmaba que la mayor parte de los seres que compartían su trabajo también adquirían, por tal hecho, un protector o guía espiritual.

Esta concepción de la realidad no puede ser reducida a un solo nivel, sino que debe ser considerada más bien en varios niveles, ocupados y vividos por diferentes seres. Así, Cuauhtémoc, como habitante del mundo espiritual, y según esta concepción, vivía en compañía de otros seres de la misma categoría energética, con los que laboraba y practicaba diferentes operaciones, entre las cuales estaban las quirúrgicas, usando como medio el cuerpo de Pachita. En otro nivel de realidad, estos seres espirituales eran, a su vez, comandados por otros seres de otra categoría más cercana a lo que Cuauhtémoc denominaba el Padre Supremo o Dios.

En muchas ocasiones, durante las operaciones quirúrgicas, cuando el cuerpo de Pachita era ocupado por Cuauhtémoc, él se despedía de sus colaboradores para ir a consultar al Padre sobre las decisiones a tomar o sobre qué maniobras hacer con sus enfermos. Cuauhtémoc decía, literalmente, que iba a preguntarle al Padre y que regresaría después de recibir instrucciones.

En el concepto de realidad de Pachita existían por lo menos tres niveles:

1) El nivel de los seres humanos cotidianos.
2) El nivel de los protectores, como el mismo Cuauhtémoc.
3) El nivel del Padre Supremo, que comandaba a los otros dos niveles.

Dentro de este concepto de realidad, Pachita también incorporaba la existencia de otro ser que llamaba "muerte". Este aparecía y se manifestaba cuando alguno de los enfermos era diagnosticado como incurable. La aparición de la muerte como ser específico muchas veces estaba acompañada de ruidos o palabras que salían de la misma boca de Pachita.

En ocasiones oí a Pachita mencionar el nombre del profeta Elías como guía de su linaje; en otras, la oí hablar acerca de otros seres místicos que parecían tener un contacto muy cercano con el linaje de Pachita.

Paralelo al concepto de realidad descrito, Pachita defendía un proceso de desarrollo de la conciencia que a continuación describo.

Pachita consideraba que en el mundo existían por lo menos dos fuerzas o poderes fundamentales que en ocasiones se enfrentaban en batallas mortales y terribles: la luz y la oscuridad. La luz era, para Pachita, sinónimo de amor, de oración, de curación, de buenas intenciones y de trabajo sano. La oscuridad, en cambio, era muerte, degeneración, engaño, trabajos sucios, trabajos diabólicos y brujerías.

Pachita hablaba de la existencia de enfermedades provocadas por "daños". Los daños eran brujerías causadas por hechiceros a quienes les pagaban para realizar trabajos de maldad en otros seres humanos. Los daños eran reconocidos por Pachita por un olor característico o una actitud también característica. Cuando un daño era detectado, Pachita anunciaba que el siguiente paciente era un paciente de daño y que, por lo tanto, debían tomarse precauciones adecuadas para trabajar e intervenir quirúrgicamente en este tipo de pacientes.

Generalmente, cuando se anunciaba un daño, se hacían cadenas de protección en las que los colaboradores se tomaban de las manos y formaban un círculo alrededor del campo operatorio. En otras ocasiones algunos colaboradores lanzaban al aire un líquido balsámico que, según ellos, mantenía alejados a los pacientes de las presencias negativas que querían afectarlos.

El desarrollo de la conciencia, para Pachita y su linaje, implicaba vencer la oscuridad y fortalecer la luz. Según ella, todos los seres tenían como motivo primordial la búsqueda de la luz, y esta motivación hacía que todos los seres tuvieran conductas dirigidas al logro de estados positivos de amor y de sana relación con sus prójimos. De esta forma, el concepto de desarrollo de la conciencia que defendía Pachita implicaba la existencia de un centro esencial luminoso en cada ser humano y la necesidad de activar este centro, oponiéndose a cualquier barrera que dificultara la manifestación de este. Pachita consideraba que el arma más poderosa era el amor y la luz, y que no importaba la aparente actitud destructiva de algún ser: este siempre "viajaba" en busca de la luz.

La doctrina de Pachita era, pues, la de acrecentar los estados luminosos y la de trabajar en pos de una mayor existencia de luz y amor en el mundo.

En este sentido, yo asistí a por lo menos cinco operaciones quirúrgicas en las que del cuerpo de los pacientes eran extraídos objetos y animales que representaban la materialización de los daños. A estos animales u objetos se los trataba de una forma muy especial. Pachita decía que después de ejecutar una operación de extracción de daños, por la noche se establecía una lucha mortal entre ella misma y el causante del daño, que aparecía para tratar de recuperar el poder perdido sobre su paciente.

Recuerdo el caso de un niño de aproximadamente siete años de edad que fue operado en la clínica de Pachita, en Parral, de un daño localizado cerca del corazón. Este niño apareció acompañado de su madre, la cual se quejaba de la mala conducta, actitudes destructivas y lenguaje obsceno de su hijo. Al estar en presencia de Pachita, y después de ser diagnosticado con enfermedad por daño, Pachita decidió operarlo al día siguiente.

El niño llegó a la clínica con su madre, se sentaron a hacer antesala. En determinado momento una camioneta que estaba estacionada cerca de la clínica perdió inesperadamente el freno de mano y empezó a rodar en dirección hacia donde estaba el niño. Un instante antes de que el vehículo lo alcanzara, alguien salvó al pequeño, quien inmediatamente fue introducido al quirófano para ser intervenido. Recuerdo que este niño fue llevado a rastras a la mesa de operaciones y acostado en ella en contra de su voluntad. Después de que Pachita pidió paz para el pequeño, la entidad que ocupaba el cuerpo del niño contestó que jamás lo dejaría.

Pachita esgrimió el cuchillo de monte contra el pequeño, quien con voz ronca contestó que no lo afectaban las amenazas. Cuando el cuchillo estaba a punto de ser introducido, el niño empezó a gritar pidiendo auxilio. Pachita le abrió el pecho, extrajo un objeto rectangular de color negro carbón y enseguida cerró la herida. En ese momento el paciente comenzó a llorar, Pachita lo tomó en sus brazos y le dijo que por fin había recuperado su ser íntegro y que ya nadie lo molestaría más. El niño fue entregado a la madre, la que varios días después se presentó diciendo que su hijo estaba totalmente transformado, se había convertido en un niño normal, sin alteraciones conductuales, sin actitudes agresivas y que usaba el lenguaje que correspondía a su edad.

Este caso, como muchos otros que pude atestiguar, indica que Pachita tenía control sobre mecanismos que se manifiestan en formas objetivas y materiales, como, por ejemplo, los objetos localizados en el interior del cuerpo de sus pacientes. Es evidente que estos mecanismos afectan en grado sumo la conducta del hombre y, sin embargo, resultan todavía desconocidos para la ciencia.

Pachita es considerada, y con razón, como una de las mujeres más extraordinarias de todos los tiempos. Su capacidad curativa, su manejo de la realidad y su control sobre los niveles de realidad alternos difícilmente serán superados.

Un intento de explicación de lo que Pachita hacía es necesario, aunque de antemano sabemos que tal intento está destinado al fracaso porque los fenómenos que se manifestaban a través de ella son demasiado complejos y desconocidos como para poder ser integrados a una concepción científica adecuada. La inexistencia de esa concepción, sin embargo, no es argumento suficiente para invalidar las observaciones hechas en Pachita, las cuales han sido verificadas no solamente por este autor, sino por otras personas que han estado en contacto con esta mujer (ver el apéndice al final de este capítulo).

Pachita era capaz de modificar la realidad en un grado total. Era capaz de afectar campos energéticos, organizaciones corporales, tejidos y mecanismos fisiológicos, sobre los que ejercía un poder de transformación.

¿Cómo y a través de qué medios se ejecutaban estas maniobras? Es imposible saberlo. Probablemente Pachita tenía la capacidad de visualizar un determinado acontecimiento quirúrgico y bastaba esta creación mental para que el acontecimiento ocurriera en la realidad. Si esto es así, Pachita de alguna manera conocía las leyes de organización del espacio y la materia y las relaciones que existían entre estas leyes y sus propios procesos psíquicos. Esta posibilidad es una de tantas tentaciones de racionalización del proceso que ocurría siempre que Pachita trabajaba con sus pacientes.

En este sentido, recuerdo que en una ocasión apareció en el quirófano un muchacho delgado, triste, débil, con la piel violácea, lo que fue reconocido inmediatamente como manifestación de problemas circulatorios intensos. Pachita invitó al joven a acostarse en la mesa de operaciones y, sin mayor preámbulo, abrió el pecho con su cuchillo de monte; cortó después las costillas, introdujo el cuchillo y extrajo el corazón, todavía conectado con la aorta y con las otras derivaciones venosas. Palpitante, lo colocó a un lado de la terrible incisión, sobre el pecho del paciente. Durante esta operación, yo trabajaba junto a Pachita, y, al observar el corazón latiendo fuera del cuerpo que allí yacía, me impresioné a tal grado que repetí varias veces en voz alta: "¡Dios mío! ¡Dios mío! ¡Dios mío!". Ante esta manifestación de asombro, Pachita ladeó la cabeza y, llamando a uno de sus colaboradores, le dijo al oído, pero con suficiente intensidad como para que yo pudiera oírla: "Jacobo todavía no es uno de los nuestros". En efecto, todavía no aceptaba lo que estaba sucediendo ante mis ojos como una realidad cotidiana y posible, sino que aún tenía la concepción de que aquello era extraordinario e imposible desde el punto de vista de la ciencia y la tecnología contemporáneas.

Esta experiencia me hizo comprender y me permitió asomarme un instante al mundo de Pachita, en el cual la realidad milagrosa resultaba cotidiana y la idea más extraordinaria era convertida inmediatamente en realidad fáctica, a través de un mecanismo totalmente desconocido para mí.

La misma sensación de imposibilidad y asombro ante lo que veía me ocurrió durante las operaciones que Pachita realizó a una niña de 13 años, que había sido descerebrada durante una intervención hecha en un hospital de la Ciudad de México. La niña era prácticamente un vegetal; no controlaba esfínteres, no hablaba, no caminaba y vivía en una silla de ruedas totalmente inválida. Pachita realizó en ella alrededor de 10 operaciones, tratando de reconstruir la masa encefálica que había sido destruida por sobredosis de anestesia. Asistí a cuatro de esas operaciones, en las que Pachita abría el cráneo y dejaba al descubierto la corteza cerebral para, luego, con su cuchillo, cortar un pedazo del cerebro. Después materializaba tejido cerebral para introducirlo en el lugar del dañado que previamente había extraído. Las heridas ocasionadas en cada una de las operaciones las cerraba a través de un procedimiento energético, que consistía en colocar las manos sobre la herida y concentrarse en las palmas, como si estas irradiaran una energía especial.

Cada 15 días, la niña, acompañada de sus padres, volvía para un control y ya no presentaba señales de infección o las alteraciones que generalmente suelen aparecer después de una intervención tan traumática; en lugar de ello demostraba una mejoría notable.

Años más tarde tuve la oportunidad de visitar a la paciente, que se había convertido en una joven de 19 años. Pude observar que los procesos activados por las operaciones de Pachita tuvieron éxito parcialmente: la muchacha, aunque tenía un vocabulario restringido, era capaz de controlar sus movimientos, entendía prácticamente todo lo que se le decía, comía por sí sola, manifestaba un estado de alegría constante y con ayuda podía caminar. Tales resultados muestran que lo que hacía Pachita tenía un efecto duradero y positivo en quienes iban a verla en busca de ayuda y alivio para sus desgracias.

Pachita poseía un control casi absoluto sobre la materia y la energía. Una posible explicación de ese poder es que su conciencia estaba localizada en la fuente a partir de la cual se construye la realidad. De alguna forma sabía cómo modificar esa fuente y, por lo tanto, las manifestaciones que de ella surgen.

Según Pachita, existe un nivel de uno mismo a partir del cual todo es posible y, además, lo es natural y directamente. Pachita me regañaba cuando en mi asombro yo parecía disociar su realidad de la realidad cotidiana. Parecía decirme que hasta que no aceptara como natural lo que ella hacía no podría comprenderlo. Su comprensión era el hecho mismo. No había que buscar mecanismos sofisticados ni funciones complejas, sino aceptar que, cuando se llega a la fuente, todo es posible mediante un acto "simple" de voluntad. Para Pachita todo tenía conexión con la conciencia, todo era conciencia. Bastaba el deseo de la mente, localizada en la fuente de la realidad, para "materializar" el deseo.

A Pachita le gustaba la teoría sintérgica. Cada vez que yo le transmitía las cogniciones de esta, se regocijaba. Me alentaba a seguir pensando que existía una interacción entre campos de energía y que de ella provenía el mundo de nuestras imágenes visuales. Yo sentía que ella "veía" los campos y sus interacciones y que podía manejar su focalización no solamente con maestría, sino con la certeza que proviene de la videncia directa.

La mente de Pachita estaba en unión con la mente de sus pacientes y colaboradores. No existe otra forma de entender su poder de conocimiento del otro, ni sus extraordinarias hazañas de diagnóstico.

Según la teoría sintérgica, Pachita poseía un poder total de manejo de la focalización de su factor de direccionalidad.[4] Esto le permitía hacer aparecer su experiencia en cualquier localización sin tener que trasladarse a ella. Por otro lado, su manejo del campo cuántico o de la red del espacio-tiempo le permitía materializar y desmaterializar objetos o trasladarlos como si para ella no existieran distancias o espacios de separación.

En conclusión, Pachita fue uno de los más portentosos seres humanos que hayan existido; su poder le permitía realizar hazañas increíbles. Era una vidente que podía percibir la realidad desde una perspectiva o nivel tal que veía con claridad lo que para el resto permanecía invisible. Esa capacidad de ver hacía que pudiese diagnosticar, con una exactitud asombrosa, diferentes dolencias y enfermedades. A partir de su conducta, podemos deducir que existe un nivel de la realidad desde el cual es posible "ver".

---

4. Mecanismo hipotético que focaliza la conciencia en una zona de la interacción entre el campo neuronal y el cuántico, haciendo aparecer allí la experiencia consciente.

APÉNDICE ACERCA DE PACHITA

Entre los muchos testimonios sobre las habilidades de Pachita está el del señor Ramón Mansilla Tinoco, quien, desesperado por la enfermedad de su hija, fue en busca de la chamana. Impresionado por Pachita, el señor Mansilla se convirtió en su discípulo y seguidor. Durante meses la ayudó en sus operaciones y tratamientos. Profundo conocedor de la personalidad y la obra de Pachita, se lo invitó a colaborar en este volumen. Con tal motivo, a continuación presentamos el texto que nos entregó sobre sus experiencias con la chamana.

Mis experiencias con Pachita

Por Ramón Mansilla Tinoco

Lo que a continuación relato es, primero que nada, una síntesis de mis experiencias y vivencias con Pachita, tratando de ser lo más fiel y objetivo que el caso permite. Posteriormente, doy interpretación a los hechos relatados, las deducciones obtenidas de mis experiencias hechas a la luz de la calma que me han proporcionado los años que han transcurrido desde aquellos hechos.

Antecedentes

Contraje matrimonio en el año de 1975 con Alejandra y en agosto de 1977 tuvimos a nuestra primera hija, una niña a quien pusimos el mismo nombre de la madre y a quien con cariño llamábamos Alejandrita.

Alejandrita era una niña hermosa y risueña. Tenía ojos azules, tez blanca y cabello castaño, sin olvidar su atributo de una inteligencia muy aguda. Sin embargo, algo estaba mal en ella: su sistema muscular era débil, de modo que no lograba sentarse por sí misma ni mantener en alto la cabeza. El diagnóstico de los médicos fue fulminante: padecía una enfermedad congénita llamada enfermedad de Werdnig-Hoffmann, una especie de atrofia muscular progresiva, para la cual no existe cura alguna, en razón de que los científicos prefieren dedicar recursos a la investigación de enfermedades de tipo masivo, como el cáncer, en vez de dedicarlos a enfermedades estadísticamente raras.

Mi esposa y yo agotamos todos los recursos con tal de salvar a nuestra hija; consultamos a varios médicos neurólogos en México, también homeópatas y quiroprácticos. Finalmente, viajamos a la Clínica Mayo, en Rochester, Estados Unidos, donde, en marzo de 1978, el doctor Manuel Gómez confirmó el diagnóstico que en México nos fue proporcionado por el doctor Guillermo Turrent y que ya mencioné.

En resumen, el doctor Gómez estimó para nuestra hija tres meses más de vida. Así estaban las cosas cuando, en abril del mismo año, mi suegro nos presentó a un amigo suyo, el señor Méndez, quien, enterado del problema, nos sugirió que consultáramos a una de sus amistades, el doctor José Rojas, médico cirujano ya jubilado que tenía años de dedicarse al estudio de fenómenos extraordinarios y quien, además, dictaba pláticas al respecto. El doctor Rojas fue el conducto que nos llevó a Pachita.

Pachita

La primera vez que la fuimos a consultar nos acompañó el doctor Rojas. Íbamos mi esposa, la niña, el doctor y yo. Llegamos hasta su casa en la colonia Arenal, a un costado del Hospital de La Raza, como a las tres de la tarde con el objeto de obtener ficha, pues la consulta empezaba a las cuatro y el doctor nos había advertido que habría mucha gente formando una larga cola en la calle para verla, cosa que, efectivamente, constatamos.

Pachita vivía en una casa sola, más o menos bien construida, exactamente enfrente del mercado de la colonia; la entrada de la casa era una cochera con puertas de hierro pintadas de color blanco y forradas por dentro con láminas plásticas de color amarillo para impedir la vista desde fuera. El verdadero nombre de Pachita era Bárbara Guerrero y era una mujer de tez morena, bajita, medianamente gorda; tendría aproximadamente 63 o 64 años; tenía, además, el cabello quebrado y teñido de color castaño; usaba bastón al caminar y vestía, casi invariablemente, un delantal, un suéter y medias gruesas color carne, del tipo que usan las personas de esa edad.

La primera vez que estuvimos frente a ella, luego de que Daniel (uno de sus ayudantes) nos franqueó el paso, me sentí emocionado y esperanzado. Las consultas eran muy rápidas, de cinco minutos cuando más cada una, porque había mucha gente esperando. En pocas palabras le indiqué el problema de la niña, aunque ella ya había intuido que la paciente era Alejandrita, e inmediatamente empezó a dictar una receta a Memo, su hijo y ayudante. Nos entregaron la receta: jerez Tres Coronas, en el que se debía remojar cierta hierba; un aceite con alumbre para fricciones en todo el cuerpo y coral rojo, que debíamos obtener para que Pachita preparara una pomada. Nos citó para la semana siguiente.

Durante los días subsiguientes seguimos al pie de la letra las instrucciones de Pachita, incluso conseguimos el coral rojo y lo llevé a su casa fuera de horas de consulta.

Llegada la fecha de la nueva cita, Pachita volvió a revisar a la niña, quien seguía exactamente igual de su enfermedad. Resolvió operarla esa misma tarde.

Aquí es donde entra la parte extraordinaria, la más conocida y menos comprendida de Pachita: las operaciones. No quiero usar el término "operaciones psíquicas" porque siento que no describe adecuadamente el fenómeno y se corre el riesgo de sacar deducciones equivocadas; por lo demás, estoy lejos de ser experto en la materia, me limito solamente a mi experiencia. Las operaciones eran físicas, los pacientes eran abiertos de la parte del cuerpo que estuviera afectada sin más ayuda que un cuchillo de monte y cuatro asistentes, dispuestos dos de cada lado de una mesa de madera con objeto de sujetar al paciente, pues las operaciones eran dolorosas y a los pacientes no se les administraba ningún tipo de anestesia. Las medidas higiénicas que se tenían en la mesa de operaciones eran nulas, simplemente no eran necesarias. Las herramientas empleadas, aparte del cuchillo de monte, eran una palangana de peltre donde se ponía un litro de alcohol y un paquete de algodón que se remojaba en el alcohol para formar un símil de torundas; unas tijeras convencionales de costura y una botella cualquiera llena de un líquido al que llamaba "bálsamo", que tenía un olor agradable.

Las operaciones se efectuaban siempre a la luz de dos o tres velas; nunca se iluminaba la habitación con luz eléctrica. A pregunta expresa mía, los asistentes me indicaron que la razón era que la energía eléctrica interfería con la energía (cualquiera que esta fuere) que usaba Pachita para operar. ¡Quién me iba a decir en esos momentos que me convertiría en el último ayudante que tuvo Pachita y que le serviría durante sus últimos meses de vida!

El Hermanito

Estrictamente de acuerdo a la versión que Pachita daba de las operaciones, ella no era quien operaba a los pacientes, sino que lo hacía "el Hermanito". Se refería a Cuauhtémoc, el rey mexica, o, más bien, al espíritu de él, que se posesionaba del cuerpo de ella para operar a un paciente. Unos momentos antes de cualquier operación, Pachita se ponía encima de la ropa una prenda color naranja, una especie de toga a la usanza azteca, que le cubría un solo hombro. Después, en la habitación donde se hacían las operaciones, se sentaba unos instantes en una silla de madera, cerraba los ojos como en actitud de meditación y, cuando volvía a levantarse, saludaba a los presentes con un "cómo están, mis niños, yo os saludo". Su actitud y comportamiento eran distintos, aunque su voz era la misma. Hablaba con tono grave, gentil y autoritario al mismo tiempo. Se pasaba al paciente, en este caso mi hija; se lo colocaba encima de la mesa de madera, la que por única cubierta tenía "un mantel" de plástico transparente, y daba comienzo a la operación.

Pachita abrió el tórax de la niña con el cuchillo de monte y metió su mano en él, testeando y removiendo órganos. La niña de inmediato empezó a llorar. Fuimos testigos de la escena mi esposa y yo, más las cuatro personas que estaban como ayudantes: Armando, el licenciado Múzquiz, el licenciado Villafuerte y Candelaria. De los cuatro, los que no fallaban nunca a una operación eran Armando y Candelaria. Si las consultas duraban cinco minutos, las operaciones, cuando mucho, duraban 10. Pachita soltó el cuchillo, pasó su mano derecha sobre el tórax, y este quedó cerrado nuevamente. Pidió a Candelaria torundas con alcohol y las puso sobre el pecho de la niña; las torundas siempre quedaban manchadas de sangre. Quiero recordar en este punto que se operaba a la luz de dos o tres velas, situadas no en la mesa, sino a un costado, atrás de Pachita y dos de los ayudantes.

Al llegar a casa y revisar el pecho de Alejandrita, observamos que no presentaba ninguna cicatriz, pero tenía cuatro pequeños puntos colocados geométricamente en el tórax, dos exactamente en los pezones y dos donde terminan las costillas, más o menos a la altura del ombligo. Eran como miniincisiones o como poros muy abiertos. Veinticuatro horas después de la operación ya no estaban, cerraron solos. La niña siguió exactamente igual de su enfermedad; no hubo mejoría. Comprendí que debía acercarme más a Pachita, conocerla mejor a ella y a su medicina. Comencé a frecuentar su casa solo y fuera de horas de consulta. La tercera visita rindió frutos. Al tocar la puerta de la casa noté que una camioneta blanca se estacionaba a mis espaldas; en ella venían Pachita y sus dos hijos varones, Memo y Enrique. Le supliqué que me permitiera hablar con ella; eran las dos de la tarde. Me vio tan desesperado que me invitó a pasar a su casa, a la cocina, donde comimos juntos.

Pachita era una mujer fuera de serie por el gran amor que sentía hacia los demás; percibía el dolor ajeno y se condolía serenamente. En respuesta, entregaba alegría, esperanza y paz. Era centrada, ágil de mente y con un extraordinario sentido del humor.

Le dije que Alejandrita no había mejorado con la operación que le practicó. Le platiqué el problema con lujo de detalles, subrayando que la niña estaba desahuciada. Replicó que su tratamiento llevaría varios meses y que se requeriría de una o dos operaciones más. Me sentí feliz. Volví varias veces más, hasta que me gané la confianza y la simpatía de los ayudantes, de sus hijos y de la propia Pachita. En una de esas ocasiones le pedí que me permitiera ayudarla en las operaciones; me respondió que todavía no estaba listo, pero que tenía su permiso para entrar a verlas. Calculo que, sumando las que presencié como observador más en las que fungí como ayudante, fueron no menos de 150 operaciones en las que estuve presente. Al principio pensé que todo era fraude, que Candelaria, la persona que preparaba las torundas de algodón, metía en él vejigas con sangre de animal que, al ser presionadas contra el cuerpo del paciente, reventaban, mojaban al paciente y salpicaban a los ayudantes de sangre. Pronto llegó el día en que fui ayudante y yo mismo preparé el algodón y puse alcohol en la palangana. Vejigas con sangre no eran, lo hice docenas de veces, buscando el truco.

En una ocasión, ya estando de ayudante, poco antes de iniciar la sesión de operaciones, Pachita se estaba poniendo su toga azteca y, alrededor de la mesa, estaban divirtiéndose los otros tres ayudantes del día: Memo, Múzquiz y Armando. Lo que hacían era frotar rápidamente con la palma de la mano el mantel de plástico transparente que cubría la mesa. Para mi sorpresa, vi cómo la zona que frotaban irradiaba una luz verde fosforescente mientras pasaban la mano. Lo podían hacer a voluntad. Me pidieron que lo intentara, lo empecé a hacer tímidamente y no conseguí irradiar nada. Lo pude hacer hasta mi tercera sesión como ayudante. Me indicaron que solo era posible hacerlo estando Pachita en la habitación, que la luz verde fosforescente que se veía al frotar era la misma energía que Pachita usaba para operar. A quien piense que solamente era electricidad estática le pido que lo intente hacer en casa.

Un día, comiendo en la cocina con Pachita, le pregunté qué religión tenía; me dijo que era espiritualista-trinitaria-mariana, religión perfectamente conocida por mí.

Volviendo al tema de las operaciones, siempre se guardaba la misma secuencia: primero se efectuaban "las de ojos", luego "las de cabeza", después "las de órganos internos" y al último "las de columna vertebral". Las de brazos y piernas iban intermedias entre cabeza y órganos internos, pero eran raras.

Pachita hacía transplantes de órganos. Me tocó presenciar 10 o 15 transplantes de vértebras, cosa imposible para la medicina actual. Las sacaba con la punta del cuchillo, colocaba con la mano la nueva vértebra y después golpeaba con la cacha de madera del cuchillo, a modo de martillo, para acomodarla bien.

Un día Memo me mostró un ojo humano que guardaban en un plato, dentro del refrigerador. Le pregunté primero a él y después a Pachita cómo conseguían los órganos para los transplantes; la respuesta fue la misma: era un amigo, médico cirujano del IMSS, adscrito al Centro Médico Nacional, quien obtenía los órganos de cadáveres no reclamados. No recuerdo el nombre del doctor, pero lo conocí meses después en casa de Pachita, cuando él estaba de visita.

En otra ocasión, estaba ayudando a Pachita durante las consultas y observé que algunos pacientes entraban con un huevo en la mano y se lo entregaban. Pachita lo tomaba y comenzaba a pasarlo con la mano por todo el cuerpo del paciente para, finalmente, arrojarlo en una cubeta. Al terminar las consultas no resistí la tentación y le pregunté para qué hacía eso con los huevos. Me contestó: "Ay, mijito, pues no sirve para nada, pero la gente me lo pide, qué quieres que haga". Ese mismo día nos comentó a mi esposa y a mí que mucha gente le llevaba fotografías, listones y cartas con la intención de pedirle ayuda para lograr la atracción del ser amado. Pachita respetaba las creencias de la gente y colocaba todos los objetos en el altar que tenía en la habitación donde se realizaban las operaciones. Era un altar extenso, puesto sobre una gran mesa de madera, en cuyo centro había imágenes de Jesús y de Cuauhtémoc.

Entre las personas que conocí y traté en diferentes ocasiones en casa de Pachita y que pueden avalar lo que aquí he escrito se encuentran la familia del señor Jesús Razo, con quien hasta la fecha tenemos amistad; el cantante argentino Leo Dan, quien antes que yo fungió como ayudante de Pachita; la cantante de ranchera Laura Fierro, quien fue operada por Pachita; la señora Margarita López Portillo, quien estuvo presente conmigo en una sesión de operaciones; la actriz Lucía Guilmáin; y el señor Thierry Courdec, por aquel entonces ejecutivo de Larousse.

Respecto de "qué" y "cómo" le hacía Pachita para operar, no tengo ninguna duda de que realmente tenía la facultad de penetrar el cuerpo humano con las manos, como si se tratara de otra dimensión. También creo que la misma Pachita nunca supo cómo lo hacía o por qué tenía esa facultad. A pregunta expresa mía de cómo lo hacía, Pachita me respondió: "Yo no sé, pregúntaselo al Hermanito, él es quien lo hace".

Yo creo firmemente en Dios, en el espíritu y en lo espiritual. Para mí, Pachita usaba energía espiritual para operar. Sin embargo, en lo personal, no creo ni nunca creí en la explicación del Hermanito Cuauhtémoc. Siento que fue la mejor explicación que Pachita encontró para dar a tantas personas durante tantos años; ella misma se consideró una médium del espíritu del rey mexica.

Pachita falleció en 1979, aproximadamente seis meses antes que mi hija Alejandrita, quien se fue el 3 de noviembre de ese año. Lo anterior no significa que Pachita no tuviera facultades, simplemente significa que por encima de toda voluntad está Dios.

Enero de 1986

III

DOÑA MARÍA SABINA DE HUAUTLA

El escrito que se presenta a continuación no pretende ser un estudio exhaustivo acerca de María Sabina, ni siquiera es un análisis más o menos completo de su personalidad, actividades y poderes. El autor no conoció lo suficiente a la Sabina como para intentar un estudio serio de su obra; más bien es un intento de compartir con el lector una experiencia concreta.

María Sabina vivió en Huautla, en la sierra de Oaxaca. Durante su niñez se acostumbró a ingerir los hongos alucinógenos que crecen en forma abundante en la región durante la estación húmeda. Un etnobotánico llamado Robert Wasson la descubrió y la dio a conocer al mundo. A partir de ese momento María Sabina adquirió fama mundial, pero al mismo tiempo perdió parte del poder que los hongos le transmitían.

Al igual que con el autor de este capítulo, María Sabina fue la guía de innumerables buscadores que acudían a ella con la esperanza de encontrar respuesta a sus problemas. Esta chamana poseía el talento de guiar, con ayuda de los hongos, a sus compañeros temporales del viaje alucinógeno en realidades extrañas y fantásticas. Poseía, además, el don de "ver" el estado interno de los que tuvimos el privilegio de conocerla.

Como se dará cuenta el lector al leer este capítulo, María Sabina mostraba la capacidad de establecer una comunicación directa; es decir, una comunicación que no requiere el uso de los canales sensoriales. En el laboratorio de investigaciones psicofisiológicas hemos encontrado que la comunicación directa entre seres humanos ocurre cuando existe una concordancia entre las variaciones de coherencia interhemisféricas de los cerebros de los sujetos. Mientras más parecidas entre sí sean las oscilaciones individuales de coherencia interhemisférica, mayor es la comunicación directa. Según la teoría sintérgica, lo anterior significa que los campos neuronales irradiados a partir del cerebro de los que se comunican embonan en una interacción congruente basada en una similar coherencia individual.

En realidad y de acuerdo con la misma teoría, la interacción entre todos los campos neuronales y la estructura del espacio-tiempo forma un complejo hipercampo dentro del cual todos estamos imbuidos.

María Sabina podía decodificar el hipercampo y diferenciar de él las zonas correspondientes a la mente de cada uno de sus visitantes.

Hace un tiempo murió María Sabina, y todos los que tuvimos la oportunidad de conocerla sabemos que con ella se fue una de las más grandes chamanas de México. Entender el nivel de conciencia desde el cual esta mujer percibía la realidad es imposible. Solamente ella lo sabía al vivirlo. Lo que cada uno de sus discípulos podemos hacer es atestiguar y compartir las experiencias que tuvimos con ella. Precisamente con este motivo y como un homenaje póstumo, intentaré describir lo que a un grupo de colegas y a mí nos sucedió cuando fuimos a visitarla a Huautla.

Hace 15 años, llegar a Huautla, en el estado de Oaxaca, por tierra, era todavía algo parecido a una hazaña. El camino estaba en plena construcción y las máquinas gigantescas removiendo grandes rocas abundaban por doquier, bloqueando curvas y tramos montañosos.

Huautla nos recibió envuelta en una bruma casi impenetrable. Todo estaba húmedo, incluyendo nuestra ropa y pertenencias. Viajábamos en un jeep safari y a la mitad de una calle se nos acercó corriendo una niña. Se subió a uno de los costados del vehículo y con voz entrecortada nos dijo que su abuelita quería vernos. Le preguntamos por el nombre de ella y nos dijo que se llamaba María Sabina.

Todos nos miramos sorprendidos. ¡María Sabina! Aquello era como un milagro. Habíamos oído de ella a través de los trabajadores de Wasson, pero no esperábamos que nos saliera al paso a través de su nieta y menos que nos quisiera ver. Por supuesto que accedimos a la invitación y en menos de 30 minutos nos encontrábamos en la casa de la chamana.

Nos invitaron a pasar a un salón repleto de costales llenos de café y maíz, entre los que nos sentamos a esperar. Al poco rato entró la anciana acompañada de un intérprete. Este, que era su hijo, nos dijo que María quería que hiciéramos un viaje de hongos con ella. Nos invitó a conseguir los hongos y habló largamente acerca de lo que nos costaría la experiencia. Recuerdo que insistió tanto en el precio y en los arreglos monetarios que tanto yo como mis dos amigos y colegas nos miramos dubitativamente.

Después de varias horas de búsqueda conseguimos una buena porción de hongos. Uno de nuestros compañeros,

Roberto, era un experto y nos dijo que algunas variedades servían para incrementar la capacidad introspectiva, mientras que otras producían efectos sensoriales extraordinarios.

La variedad que habíamos conseguido pertenecía al primer género y por ello era recomendable vivir la experiencia en la noche. Regresamos a la casa de Sabina después de recorrer un camino que ahora, a diferencia de la primera vez, nos pareció larguísimo. Nos sentamos a esperar, mientras observábamos a la familia de la chamana. Uno de sus nietos, un muchacho de 12 o 13 años, nos acompañó; tomaba licor de una botella y pronto se emborrachó. Aquello, aunado al manejo comercial, nos llenó de disgusto. Estábamos allí para vivir una experiencia mística y aquello nos decepcionaba.

Al anochecer llegó María Sabina. Traía consigo un sahumador con copal, cuyo delicioso aroma alivió un poco nuestra incomodidad y aprensión. Después, la chamana se acercó a cada uno de nosotros y nos frotó los antebrazos con un polvo oscuro. Más adelante, nos invitó a comer los hongos después de que ella hizo lo propio.

Yo llevaba conmigo un cuaderno y me preparé a escribir mis experiencias, mientras que mis compañeros, acostados dentro de sus bolsas de dormir, se burlaban de mi espíritu académico. Después de 30 minutos mi intención de escribir se empezó a desvanecer en el interior de unas distorsiones perceptuales y unas emociones mezcladas de gozo y temor. Decidí que escribir no era importante y me introduje a mis cobijas, las que me parecieron más un capullo que una cama improvisada. Al cerrar los ojos aparecieron imágenes. Más tarde, estas se transformaron en sensaciones corporales de incomodidad. Hacía mucho frío y la humedad me trastornaba. Mi cuerpo empezó a distorsionarse y todo yo era una mezcla de frío, lluvia y desaliento.

Aparecieron imágenes de calles onduladas, bordeadas de edificios. Yo viajaba a través de las ondulaciones. Mi incomodidad empezó a ser intolerable. De pronto apareció, en mi conciencia, la imagen de mi sillón favorito. Estaba en mi casa leyendo y sintiéndome protegido y tibio. El frío había desaparecido y me sentía muy bien. En ese instante, la chamana empezó a cantar una oración: "San Pedro, san Pablo...". Repetía el nombre de los apóstoles junto con frases en mazateco.

Inmediatamente mi comodidad, tan arduamente lograda, la tibieza de mi hogar y todo mi yo retornamos al frío, la humedad y la desesperación de un cuerpo distorsionado, acostado en esa choza de la sierra. Tardé una eternidad en recuperarme, volví a ver las calles onduladas y, cuando regresé a mi sillón, María volvió a cantar: "San Pedro, san Pablo...", lo que me hizo retornar a la desesperación corporal.

Aquello se repitió siete veces. Cada vez que lograba volver a la comodidad y al placer, la chamana cantaba, me sacaba de mi estado y me introducía en la desesperación del presente. Era obvio que la Sabina reconocía mi mente y sabía sus cambios. Era tan sincronístico su canto con mis estados psíquicos que pronto pensé que su intención era malévola y, desesperado, me incorporé y salí a la intemperie. Me recibió una lluvia pertinaz, pero la preferí al infierno sabiniano del interior de la choza. Empezó a amanecer y di gracias a Dios por el retorno de la luz y por el milagro del nuevo día.

Tardé varios años en entender y apreciar mi experiencia. María Sabina me había mostrado uno de mis refugios emocionales, mi incapacidad para vivir en el presente y mi tendencia a huir de la realidad para guarecerme en su estructura de comodidad. Le agradezco la terrible enseñanza.

¡Gracias, María Sabina, y sigue creando allí donde te encuentres!

IV

DON IVÁN RAMÓN DE LA CIUDAD DE MÉXICO

Nacido en un pequeño pueblo de la sierra de Oaxaca, pariente de doña María Sabina y descendiente de una familia de chamanes, Iván Ramón es un talentoso psicólogo autóctono mexicano.

A los cinco años, Iván empezó a manifestar señales de una sensibilidad extraordinaria y extraña. De pronto, su personalidad cambiaba junto con su voz, y su conducta se transformaba. Creyéndolo loco, su madre no se imaginaba que aquellos eran los primeros signos de una mediumnidad portentosa, y, en lugar de estimularlo, lo castigaba. Reprimido, este psicólogo autóctono no se atrevió a "abrirse" de nuevo sino hasta los 15 años, cuando, espontáneamente, estaba en trance y comunicaba sus vivencias.

Actualmente, Iván Ramón trabaja en la Ciudad de México dando consultas a decenas de pacientes que lo van a visitar buscando curación para sus males y enfermedades.

Cuando un paciente acude a su consultorio autóctono, Iván siente en las puntas de sus dedos la característica "vibración" de la persona. Una vez detectada, coloca sus dedos sobre un listón y espera, atento, por alguna señal. Este psicólogo autóctono afirma que es capaz de identificar la energía específica e individual de cada paciente y que, al colocar sus dedos sobre el listón, envía un código energético inconfundible a inteligencias superiores que lo reciben y decodifican. Dependiendo de esta última operación, responden con un diagnóstico. Si no responden, quiere decir que el paciente morirá y que no puede ser curado.

Iván Ramón afirma que el porcentaje acertado de predicciones, efectuado con este método, es muy elevado.

Después de recibir la contestación al código energético, Iván decide el tratamiento para cada paciente. Con algunos utiliza hierbas y "despojos". Estos últimos consisten en una maniobra complicada en la cual, después de frotar la nuca y la frente del paciente con un líquido especial, Iván golpea y da masajes a diferentes partes del cuerpo del paciente. Según él, este tratamiento tiene como efecto el logro de un equilibrio energético.

Otros tratamientos incluyen baños de vapor, alternados con friegas con agua helada, y la introducción del paciente a un pequeño cajón dentro del cual se evaporan hierbas.

Iván Ramón afirma ser capaz de curar enfermedades como el cáncer, las úlceras, la epilepsia, infecciones virales, etcétera.

Uno de los trabajos más interesantes que efectúa Iván es el exorcismo. De acuerdo con su visión de la realidad, en esta se encuentran seres que han muerto y que no encuentran el camino de un desarrollo saludable. Estos seres son los que se apropian de mentes inocentes y las martirizan creyéndolas su propiedad. Cuando un paciente llega con este psicólogo autóctono quejándose de oír voces extrañas que le mandan hacer cosas absurdas y dañinas, Iván prepara una ceremonia especial mediante la cual protege a su paciente y le da poder para rechazar a las entidades intrusas. En esta ceremonia, Iván entra en trance y un ser de luz y fuerza hace el trabajo de exorcismo a través de su cuerpo.

Estos seres sobrenaturales son los que le han enseñado a este psicólogo autóctono todo lo que sabe.

Me ha tocado asistir a varias sesiones en las que he podido presenciar la forma en que Iván Ramón entra en su trance. Esto incluye una serie de movimientos y respiraciones intensas, parecidas a suspiros profundos, tras las cuales ocurre un cambio total de su personalidad. He observado por lo menos cuatro personalidades alternas en Iván: un anciano, un chino, un guerrero y un filósofo. Durante su manifestación, el recinto en el que trabaja parece impregnarse de una atmósfera electrizante y poderosamente sugerente de la existencia real de seres colosales. Estos pronuncian discursos magníficos y ejecutan los trabajos de limpia o despojos. Los procesos de curación y todos los fenómenos que existen están, de acuerdo con Iván Ramón, regulados por la interacción de dos poderes. Por un lado, un poder femenino: la Naturaleza y la Tierra. Por el otro, un poder masculino: el Padre o Dios. El Padre guía y la Madre manifiesta; Dios decide y la Tierra ejecuta.

Tanto la Naturaleza como Dios se sirven de intermediarios para llevar a cabo los fenómenos. Dios usa a seres realizados, los que se comunican con hombres preparados, como los chamanes o los santos. La Naturaleza se sirve de elementales en número de cuatro: el fuego, la tierra, el aire y el agua. Iván Ramón obtiene su poder del uso de los elementales y del cumplimiento del mandato de los seres de luz. De esta manera actúa como instrumento de curación.

En esta concepción de la realidad, el equilibrio entre todas las fuerzas es factor fundamental de desarrollo y salud. Cuando existe equilibrio hay salud. La enfermedad es producto de un desequilibrio.

Para este psicólogo autóctono, uno de los factores más desequilibrantes de la actualidad son los químicos que el hombre usa en su alimentación y en su medicina alopática. Frente a esta, Iván Ramón recurre a medicamentos naturales en los cuales existen las fuerzas elementales de la Naturaleza. Las limpias de fuego y de agua abundan en sus tratamientos.

La enfermedad mental es, según este chamán, producto de la interferencia que seres de bajo desarrollo tienen con el cerebro y la mente humana. Estas interferencias son provocadas por trabajos de brujería en los que se ordena a un "bajo astral" interactuar con un cerebro normal para afectar sus circuitos neuronales y desencadenar explosiones energéticas desequilibrantes. Los bajos astrales son seres que pueden o no tener cuerpos propios. Antes de su condición actual eran hombres que no pudieron desarrollarse o que causaron grandes daños. Estos seres son esclavos de los hechiceros, quienes los usan para sus daños.

Dentro de los conceptos de realidad de Iván Ramón, la reencarnación, la ley de causa y efecto y la existencia de diferentes niveles de realidad y de conciencia son lugares comunes. Iván afirma conocer sus propias vidas pasadas y saber, además, sobre las de sus pacientes. Él dice haber vivido en tiempo de los mexicas, como servidor de uno de los templos: el del dios Huitzilopochtli. De este dios, Iván Ramón afirma que era un devorador de corazones astrales, no para hacer el mal, sino para estimular su desarrollo.

Como parte de su contacto con el origen de lo mexicano, Iván Ramón afirma estar recibiendo mensajes de los habitantes etéreos del panteón azteca, quienes le informan acerca de la posibilidad de que uno o varios de nuestros volcanes (él les llama "luminarias") entren en erupción. Dice este psicólogo autóctono que en Guanajuato existe una laguna llamada Yuriria, que contiene señales de acontecimientos futuros. Dependiendo de la coloración del agua y de su nivel, se puede saber lo que acontecerá.

El concepto de seres suprahumanos vivos e independientes, y con los cuales un chamán puede entrar en contacto, es una de las más comunes creencias entre los hombres de conocimiento. Doña Pachita, don Florencio, don Lucio y el propio Iván Ramón lo sostienen como un hecho indubitable.

Obviamente, la comprobación de tal hecho está todavía fuera del alcance de nuestra ciencia, la que no puede validar, aunque tampoco negar, tal posibilidad. Basta recordar que todavía no sabemos cuál es el origen de nuestra capacidad de conciencia y experiencia para comprender lo anterior.

En general, la psiquiatría contemporánea se está interesando por algunas de las actividades de los chamanes; por ejemplo, su uso de hierbas medicinales. Existen, sin embargo, dos corrientes dentro de la psiquiatría: una que mantiene que el curanderismo en general y el chamanismo en particular están totalmente desligados y no pueden contemplarse dentro de la práctica científica. La otra corriente considera que existe una sabiduría milenaria en el chamán que debe ser aprovechada y conocida.

Un estudio serio acerca de los pacientes curados por los chamanes, en comparación con los curados por los psiquiatras, ilustraría el estado de la realidad en ambas prácticas. Creo que una investigación de este tipo podría hacer que nos llevásemos muchas sorpresas.

V

DOÑA ASUNCIÓN DE HIDALGO

En 1975 se le murió su hijo mayor. Estando en el velorio y sin poder contener las lágrimas, de pronto se le cerró la boca y perdió la conciencia. Los que estaban con ella solo vieron que su cuerpo adquiría otra postura y que su voz cambiaba. Ya no era una mujer, sino un hombre lleno de culpas. Los llevó a un cuarto contiguo y allí les pidió perdón.

A través de esa madre afligida habló alguien que no era ella ni su hijo muerto, sino su asesino. Pidió perdón y misericordia, prometió ayudar y sacrificarse para pagar su culpa…

A partir de ese día, doña Asunción supo que algo extraño había nacido en ella. Se sentaba en una silla, sentía cómo se le cerraba la boca y su cuerpo se iba y después no recordaba nada. Su familia y aquellos que la podían ver le contaban que su hijo muerto hablaba por su boca y que curaba a aquellos que veía con dolencias.

Yo la conocí en una sesión sabatina en el cuarto de meditación de Iván Ramón. La sesión fue memorable porque, después de tres personalidades alternas, Iván se convirtió en un doctor chino. Hablaba y se comportaba como un oriental auténtico. Junto a él estaba sentada Asunción, con los ojos cerrados. De pronto esta mujer empezó a manifestar las alteraciones de ritmo respiratorio características de la entrada en trance mediumnístico. Después, se levantó de su asiento y se dirigió al cuerpo de Iván Ramón… Le habló con un léxico y en una entonación muy parecidos a los del chino, y este le contestó.

Aquello era un espectáculo inconcebible. ¡Un oaxaqueño y una hidalguense hablando en chino y entendiéndose a la perfección!

Era claro que se entendían; es más, discutían acerca de algo de importancia a juzgar por sus gestos. Ambos, manteniendo su diálogo, se aprestaron a trabajar con las personas que, atónitas, observábamos el espectáculo. Nos llamaron uno a uno y en ese lenguaje extraño nos interpelaron y después nos dieron un masaje. Pero aquello no era un masaje normal. El procedimiento que usaban era casi idéntico en ambos y consistía en colocar sus manos sobre la nuca y frente de cada uno de nosotros. Después, hacían vibrar sus manos rápidamente. Más adelante recorrían nuestras espaldas haciéndolas vibrar. Por último, nos soplaban del lado derecho e izquierdo de la cabeza y nos lanzaron agua tras hacer lo propio con ellos mismos.

Llevé a doña Asunción a una estación del metro capitalino. Observé sus rasgos: indios, fuertes, con dos trenzas blancas enmarcando su cara redonda, llena de arrugas, de madurez y comprensión. Le pregunté por qué todo había empezado al morir su hijo. Me contestó que aquello era normal. Cuando alguien en una familia tenía ese "don", al morir lo heredaba a otro miembro de la misma familia. Recordé a Pachita y asentí. Ella, al morir, había dejado a Enrique, su hijo menor, como heredero de sus facultades quirúrgicas autóctonas. Era verdaderamente interesante aquel asunto de la heredad. ¿Qué es lo que se heredaba y qué significaba esa facultad de poseer personalidades alternas?

Los acompañantes de doña Asunción me aseguraron que ella podía curar heridas y hacer sanar a los diabéticos durante sus trances. Sin embargo, doña Asunción afirmó no poder recordar nada de lo que acontecía durante sus trances. Es, como Pachita, una médium inconsciente. Me volví a preguntar qué significaba aquello. ¿Por qué estas personas pierden la conciencia cotidiana y en ese estado llevan a cabo sus curaciones? ¿Cómo penetrar en esos misterios y averiguar lo que realmente significan?

Existen, ciertamente, muchos y diferentes niveles de conciencia, cada uno con una fenomenología propia, aunque con leyes comunes. Durante la meditación profunda se puede sentir la presencia de un centro interno lleno de sabiduría. ¿Acaso estos psicólogos autóctonos son capaces de colocarse en esa región central del Ser, pero por un sentido de humildad lo consideran como totalmente ajeno a su propia individualidad y por eso le llaman "espíritu protector"?

La explicación más profunda que conozco acerca de los diferentes estados y niveles de conciencia es la que un chamán-nahual mexicano, don Juan Matus, ha ofrecido (las teorías de don Juan Matus son ampliamente descritas en los libros de Carlos Castaneda). Según él, cada ser humano posee un mecanismo que "alinea" dos bandas de emanaciones conscientes. Por un lado, unas emanaciones asociadas al cuerpo, las internas; y por el otro, emanaciones externas provenientes del origen mismo de la conciencia. Según don Juan, existen multitud de bandas posibles de alineación, y un mecanismo que coloca a la conciencia personal en contacto con una de ellas: el *punto de encaje*. El punto de encaje actúa como un imán luminoso que atrae ciertas bandas internas y las conecta con las externas. Cada vez que esto sucede, el ser humano penetra en un estado particular de conciencia. Generalmente, todos tenemos el punto de encaje en una posición fija. Cuando se nos mueve penetramos en estados alterados de conciencia. El hombre común y corriente no es capaz de manejar su punto de encaje a voluntad y colocarlo en la posición que más le convenga o interese. Solamente el hombre de conocimiento tiene control sobre las posiciones de su punto de encaje y puede modificarlas a voluntad.

Quizás nuestros psicólogos autóctonos, con la facultad de mediumnidad inconsciente, se encuentran en un punto intermedio entre el hombre de conocimiento totalmente iluminado y el hombre cotidiano. Las personalidades alternas que se expresan en ellos podrían ser las manifestaciones de un enfoque peculiar de su punto de encaje y una alineación no cotidiana de las bandas de emanaciones.

Obviamente, explicaciones como la anterior plantean nuevas preguntas y dejan sin contestar otras. Sin embargo, dentro de todas las posibilidades de explicación, esta me parece magnífica por su poder.

La experiencia de ver a don Iván Ramón y a doña Asunción penetrar en una similar personalidad alterna podría significar que en ambos el punto de encaje se colocó en una posición parecida o idéntica, y que, por lo tanto, ambos se volvieron dos manifestaciones de la misma personalidad. En otras palabras, ambos penetraron a un mismo nivel de conciencia y en este las leyes de operación y los contenidos se encuentran dados y están disponibles para quien sea capaz de alinear las específicas bandas de emanaciones asociadas con él.

Si lo anterior es correcto, entonces lo que aconteció entre Iván y Asunción es que uno de los dos (probablemente Iván) movió el punto de encaje del otro hacia su misma posición y a eso se debía la similitud de sus conductas.

En el laboratorio estamos haciendo una investigación de los cambios de actividad cerebral de parejas durante la comunicación preverbal. Hemos hallado que la actividad de los cerebros involucrados se vuelve muy similar cuando ambos logran establecer una comunicación empática. En otras palabras, cuando dos seres humanos se sienten muy cerca uno del otro y logran una sensación de intimidad de presencia, la actividad de sus cerebros se contagia y sus patrones electroencefalográficos se vuelven prácticamente idénticos. Algo en Iván Ramón impulsó el punto de encaje de Asunción a una posición similar a la de él y entonces ambos cerebros adquirieron similares patrones y parecidas manifestaciones conductuales.

VI

DON INOCENCIO FLORES DE LA CRUZ DE SAN MIGUEL TZINACAPAN, PUEBLA

Compilado por Eduardo Almeida Acosta[1]

Don Inocencio Flores de la Cruz nació en San Miguel Tzinacapan, municipio de Cuetzalan, Puebla. Pasó los primeros 12 años en su pueblo natal. Luego vivió 10 como acasillado en San Juan Tenexiapa, y 10 como forastero; anduvo trabajando en distintos lugares. Finalmente regresó a su pueblo, en donde vivió los últimos 24 años de su vida. Murió el 18 de agosto de 1983.

Los relatores del texto que sigue son su hijo, don Lucio Flores Flores, y su nuera, doña Consuelo Contreras Tirado.

El poder de don Inocencio

El poder de don Inocencio lo tomó de una abuelita, Chepa de la Cruz, cuando era pequeño. Se le apegaba mucho a esa señora, su abuelita. Y, como su abuelita era mezquina, no

---

1. Eduardo Almeida Acosta, compilador de este capítulo, es catedrático-investigador de la Universidad Iberoamericana Puebla y pionero de la psicología social comunitaria con más de 50 años de ejercicio profesional. Desde 1977, y durante 13 años, estudió y vivió en la comunidad nahua de San Miguel Tzinacapan, Puebla. Las transcripciones que enseguida se presentan son parte de dichos estudios.

quería enseñarle. Pero la abuelita pedía fuerte en sus oraciones, así que se le grabó lo que oía y fue aprendiendo.

Tenía como 10 años cuando la andaba siguiendo a escondidas. Detrás de ella la andaba escuchando. Cosas buenas y cosas malas. Pero él se grabó solo las buenas, no las malas.

Él era bueno, aunque aquí le corrían carretilla, que era esto y era lo otro. Que no era curandero, y él les demostró que sí.

Mi papá aprendió de su tía,[2] pero no tenía un grupo. Él solito aprendió de una persona. Y quizás un don que Dios le dio para que aprendiera. Y al ver que sí le salía, él se dio valor solito con Dios.

La tía Chepa aprendió de sus abuelos y bisabuelos.

La tía curaba. Él andaba detrás de ella. No quería que la anduvieran siguiendo.

Cuando la tía hacía una cosa buena, dejaba que se le arrepechara para que oyera.

Cuando iba a hacer cosas malas, ahí no lo dejaba. Trabajaba también en hechicería.

Mi papá no trabajaba eso. Quizás sabía. Él decía: "Yo hago trabajos derechos".

Si alguien le pedía: "Yo quiero que a ese le pase algo", él decía:

—Eso yo no, búscate a otro.

—Que te doy tanto…

—Aunque me des el Reino.

Don Ernesto, el hermano de mi papá, era consentido de tía Chepa. Aprendió más. No se da a conocer. Lo vienen a ver de Xocoyolo, Ataxpa, Cuetzaltecos… Lo vienen a ver para curaciones, para consejos.

---

2. Tía: en este caso la abuelita tía.

Mi papá trabajó en San José Acateno y en San Juan Tenexapa. Ahí trabajaba. Les ayudaba en el tabacal sembrando chile y ajonjolí. Le pagaban su jornal: 25 centavos diarios. Como huérfano lo había llevado su tío. En su casa nomás lo cuarteaban. Su papá le había pegado un tiro. No le dio. Él se escapó. Era malcriado.

En el tabacal lo castigaban. Los engañaba que era huérfano. Lo llevó su tío.

Cuando vio que no le pagaban, una señora le dijo:

—No tienes ropa. Aquí no se gana. Si quieres ganarte siquiera los calzones ve a donde te pagan. No solo donde te dan tortilla porque vas a quedar encuerado. Ve a limpiar plantas de frijol.

—¿Cuánto me vas a pagar?

—Veinticinco centavos. Veremos si puedes trabajar.

Y así le fueron aumentando. Le pagaron la ropa. Se la descontaron de su paga.

Luego pasó un señor:

—¿Cuánto te pagan? Vas a cuidar las vacas nada más. Yo te pagaré a 75 centavos. Y yo te compro la ropa. Te voy a mantener.

Él pensaba que ya ganaba mucho dinero. Ahí fue a estar unos años. Confió en las personas que lo trataban bien. Estuvo 10 años de forastero, con un solo patrón.

Después anduvo de forastero, de lugar en lugar. Podía manejarse solo.

Él aprendió solo, así que si sale o no sale. Cuando era pequeño, se salió de 12 años. Con un tío, Miguel de la Cruz. Ahí trabajaba. Hizo años. Como unos 20 años. Él empezó a practicar durante una epidemia cuando uno de sus compadres se lo pidió en San Juan Tenexapa. Allí hizo la primera curación.

Entonces el compadre le dice a su esposa: "Voy a llevar al hijo". Porque al médico los llevaban a morir.

Él curó a unos. Decía: "Voy a dilatar. Para mañana ya está".

Apareció un curandero. Se le apilaba la gente. Y el doctor se molestó. Le dio billetes el doctor a un señor al que le pidió favor de que le hiciera daño. Pero este señor agarró los billetes y se los repartió con el curandero. "Tú eres bueno", le dijo, "el que merece daño es el doctor".

Cuando hubo esa epidemia, él curaba. No les daba nada de medicina. Agarraba el aguardientito. Por envidia (*nexikolis*) se lo querían maromear. El que cura sin medicinas sí que sabe curar.

Cuando vivió joven, se dedicaba a su trabajo en el campo, en los jornales.

Cuando con poca vista, empezó a meterse de lleno en estos asuntos.

Cuando uno es fuerte, el campo. Cuando no, ya busca uno un oficio.

Curaba. Pero no se publicaba que yo hago esto. Él decía: "Que no se publique que yo curo".

Alguna vez lo invitaban a reuniones de curanderos. "Me invitan a algo importante", decía.

Pero él no quería ir. No le gustaba. Como Jesús, que decía: "Que no se sepa".

Decía él: "Luego vienen los cocolazos".

Cómo curaba

Le venía como una videncia. Ahí está el golpe. Decía que le hablaban algunas almas y le traían la noticia. Le venían a decir si iba a curar un enfermo. Hoy no le dan respuesta. Él les decía a los que curaba: "Vengan hasta el sábado". Y luego ya les daba la respuesta. Le llegaba la noticia de por qué sufrían de esa enfermedad.

Decía él que el Señor, por medio de su espíritu, le hablaba personalmente. Que eran difuntos, almas que le traían la noticia.

Nosotros aquí somos mundanos. Pero hay almas buenas que vienen a ayudar. Que dicen lo que hay que hacer.

Todo le venía en noticias en los sueños. Que esto vas a cobrar. Que esto no vas a cobrar.

Las personas caritativas le regalaban algún centavo porque veían el trabajo que hacía, que era cierto lo que él decía.

Decían:

—Ya vi a varios médicos. No me han hecho nada. ¿Y usted qué me ve?

Él contestaba:

—*Traime* una veladora.

Si es lunes decía:

—Véngase el miércoles y platicamos. No te enfermaste solo porque te enfermaste. Dios te mandó la enfermedad.

Así se empiezan a platicar.

—Pero nosotros no le creemos que estamos haciendo mal a un vecino. O daño en el rancho. Y aunque uno no quiere que sepa... se sabe. Pues nadie me lo cuenta. Por eso les decía que vengan para que les diga qué es lo que tienen.

Él nos decía lo que soñaba. Él les decía "videncias". Él se daba cuenta soñando.

No tenía hora para curar. Pero sí días. Cualquiera, menos viernes o martes.

Don Inocencio ayunaba para que fuese atendido lo que pedía. Ayuno de todo un día.

Una de las cosas que a mí también me admiran es que sabía el momento de tocar la cabeza. Se daba contactos. Que donde el paciente se sentía el mal le atacaba también el dolor a mi papá. Me da admiración. Y tal que les decía: "Te duele esto, te duele acá".

Y si se trataba de curarlo, ya lo agarraba por su cuenta.

Otras veces para curar don Inocencio agarraba un vaso de agua, sauco y un huevo. El sauco lo usa para todas las cosas malas. Barre a la persona con el sauco y el huevo. Luego revienta el huevo en el vaso con agua y pone el sauco en cruz encima del vaso para que no escape lo que arrejunta el mal. Y luego va viendo las babitas que quedan en el vaso como si fueran velas. Y entonces ya le dice al paciente al que le está haciendo la curación lo que ve. Que le están haciendo mal. Ahí se ve.

Usaba hoja de té para sacar el mal que hay en el estómago. Cuando uno está desganado. Con diarrea. Con falta de apetito. Así se acaba uno.

Él curaba en su cuarto. Él solo allí trabajaba. Tenía su Cristo. Y una medalla en una cajita. Y siempre la llevaba. Era su arma más fuerte que podía tener aquí en el mundo.

Tenía el altar con sus veladoras. La persona que iba a verlo siempre llevaba una veladora. Una veladora nada más. La prendía y la ponía en el altar.

El altar tenía una imagen del Santo Niño. Y un san Antonio familiar y otras imágenes... Pero a su altar nunca le faltaban las flores. Él tenía que adornarlo.

A quien venía a consulta le decía: "Me traes una veladora. Veladora y copal. Incienso para alejar las tentaciones. Como el sacerdote".

Él siempre tenía prendida su veladora. Estaba pidiendo para él. Si no, imagínate, él se quedaba sin comer.

Cuando una veladora se prende y solita se apaga es que no tiene vida el enfermo, ya se pasa de grado de camino la enfermedad.

"¡Si Dios lo hace!... Yo no"

Él consideraba su oficio como caritativo. No sé cómo explicar esto. Cuando lo necesitaban venían las personas a solicitar favor. Aunque él no quisiera. Él atendía.

"No me puedo negar. Es cierto. No me dedico a ese trabajo. Pero lo puedo hacer. Si creen, va a ser el trabajo. Si no, no hay alivio. Yo voy a hacer el trabajo, pero no la curación. Yo pongo las manos encima de la persona".

Y a veces de veras yo lo veía que curaba.

Una vez vino la señora de H. G. con su niño de ocho días de nacido. Ya había ido al médico. No podía orinar. Nomás estaba llorando. Estaba tapado.

—Y ya fueron a ver al médico... —decía él y se reía.

Agarró el aguardiente, se mojó la palma de la mano y le puso la mano en la coronita al niño. Y le dijo:

—Orita no estás bautizado. Orita yo te bautizo con el aguardiente, pero no vayas a ser borracho.

Empezó a moverle la vejiga.

—¿No se ha orinado? —decía.

Lo iba sacudiendo, tantito, tantito.

—Orita se va a destapar.

En ese momento le echó el agua. No lo va usted a creer...

—Ya se hizo de los dos.

El papá se paró:

—¡Ay, compadrito, cuánto te felicito! Ya salvaste a mi hijo.

Entonces él le dijo:

—Aquí está la medicina. Por eso les dije: si tienen fe en Dios… Sin fe, ¿cómo voy a hacer la curación? ¡Si Dios lo hace!… Yo no.

Al tercer día que se destapó lo trajeron otra vez y ya quedó bien.

"Por meter la mano sin permiso de Dios"

Una vez vino una señora con un chamaco. Ya grande el chamaco, como de 15 años. Dijo la señora que se lo curara. De momento vinieron y le pedían la curación que les hiciera.

Él decía: "Todavía no le he pedido a Dios".

Pero le dio compasión, le puso la mano en la cabeza. Se sentó quizás orando con Dios. Lo curó solo así, de sopetón.

Como a las 12 del mediodía le fui a dejar las tortillas a mi esposo, nomás estaba cabeceando.

—Que me duele la cabeza.

Y se estaba quejando.

—Entonces, ¿por qué hiciste ese trabajo?

—Le tuve lástima al muchacho. Pero han hecho un mal. Me llegan las noticias. Unas cosas malas. El muchacho está mal porque agarró unos centavos y unos totoles de una señora. Los fueron a vender. Ese dinero se lo guardaron. La señora buscó la manera de saber. Buscó hechiceros… y al muchacho se le encogió la mano. La mamá llegó con dolor de cabeza y el muchacho con la mano encogida.

Fui por mi esposo y le dije:

—Su papá se encuentra muy mal. Lo dejé cabeceando. Se está quejando.

Como a las tres llegó mi esposo. Su papá se estaba quejando, que le ayude, que lo echan al hoyo.

—Mejor llévenme a mi casa. Me están matando —él decía—. Yo me voy a morir. Por meter la mano sin permiso de Dios.

Lo que estaba sintiendo el muchacho a él se le quedó. Ya se iba a morir.

Mi esposo agarró una taza y le echó dos Alka-Seltzers. Tomó un rollo de sauco y un huevo entibiado.

—Con eso sóbame —dice.

Y lo que él pedía, mi esposo lo estaba haciendo. Lo sobaba. Le hacía oraciones. Él estaba dictando cómo lo había de hacer.

—Un poco de sal molida. Un traste. Ahí echa el aguardiente. Prepara con aguardiente y con eso sóbame todo el cuerpo. Sóbame, pero no tengas miedo.

Mi esposo pensaba: "Como a él le pasó, me pasará el mal". Pero decía:

—No te tengo miedo, si eres mi padre.

Entonces, ya como a las tres horas, se le quitó, que ya quería comer. Pero no podía comer. Se le entiesó la quijada.

Como a las 10 de la noche ya nos llamó ahí donde dormía.

—¿Cómo te sentías que nomás estabas haciendo visiones? Nos contabas que no estabas en tu cama, que veías criaturas.

Como no había pedido permiso, su mal es lo que estaba sintiendo ese muchacho.

—Me salvé gracias a mi hijo.

Él no se había encomendado a Dios y por eso le pasó el mal del muchacho a él.

Conocedor del pasado y del futuro

En videncias le traían o veía lo que podía pasar. Se daba cuenta.

Les decía:

—Primero debes arrepentirte con Dios y luego vienes.

Regresaba:

—Ya le pedí perdón a Dios.

Sin eso uno no tiene boleto, como dicen.

Y ya les decía qué es lo que habían hecho:

—No, no es cierto —decían.

Pero quién sabe cómo él sabía.

Que tú esto andas pensando, que tú esto andas platicando. Nomás te sacan la palabra y andan maldiciendo. Tú andas rogando. Pero ellos no te quieren.

Yo le decía:

—Esto me dicen mis hermanos.

Y él me respondía:

—A fuerza te andas metiendo con tus hermanos y ya ves que no te quieren.

Él decía luego:

—Ahora va a venir uno de lejos.

Y la persona esa tenía que llegar. Venían hasta de México y uno de Puebla también vino, que toda la vida tenía dolor de cabeza.

Decía él:

—Increíble, yo soy un cualquiera. Tienes dinero, ¿por qué no vas a ver a un médico?

El paciente respondía:

—Yo tengo fe en Dios y en usted.

—Pasa si tienes fe en Dios.

Agarraba el aguardiente. Les asentaba la mano y ya les decía qué es lo que tienen, que si el estómago.

—¿Cómo sabe? —preguntaban.

Aunque no le estén platicando, ya les dijo qué han hecho. Se sentaban y le preguntaban:

—¿Cómo le haces?

—Tú no te das cuenta, pero yo estoy platicando con el espíritu.

La persona decía:

—Sí lo creo.

Él decía:

—Hiciste esto y no me lo puedes negar.

No lo podían engañar.

—Tú mismo me lo estás diciendo como si me estuvieses platicando.

El tesoro de protección

Tenía un objeto, como un tesoro, digamos. Entonces el tesoro ese lo llevaba a un lugar de una casa.

Si alguien dice: "Yo quiero que *haiga* vida en mi casa", lo llevaba y lo aplicaba en su casa. Y él se comprometía y nada debía pasar en esa casa ese año. Ni enfermedades ni nada.

El tesoro era como, por ejemplo, una reliquia. Conseguía cera de las colmenas, tabaco, copal… Conseguía la palma bendita de Ramos y la cera. Y llevaba unas monedas de dinero. Todo eso lo juntaba como bola. Escarbaba y lo metía en un hoyito y allí estaba todo el año.

Pedía una novena y el día que se terminaba la novena iba a adornar la casa de los que le piden ese favor.

Cada año cambiaba el tesoro. A las cosas se les sale el aroma y la fuerza.

Yo le preguntaba. Él no quería decir. Ese tesoro que llevan a las casas. Ahí nunca falta nada. Hay de todas las semillas. Ahí le decían *tajpalol* (ofrenda).

—Nej niktaliti se tajpalol. (Yo ofrezco una ofrenda en el nombre de fulano o zutano para que no pase nada).

Y nombraba a las personas que se están.

Aquí la gente se quedaba contenta. Con la fe de esas gentes. Y la fe de mi papá. Le hacía su comidita. Lo atendían bonito, yo a veces lo acompañé.

Huesero

Don Inocencio era huesero también. Lo aprendió de su papá. Su papá se había desbarrancado de una bestia. No se podía levantar.

—Ya me voy a morir.

Le agarró de la mano izquierda y lo paró.

—Se me va a romper el corazón, porque me duele mucho la mano.

Don Inocencio empezó a arreglar la mano de su papá.

Ya en la tarde le preguntó:

—¿Ya no te duele?

—Ya no, solo poquito.

Calentó agua de sal. Y le empezó a sobar, a chapotearle, y le amarró la mano. Su papá le dijo:

—¿Y cómo pensaste arreglarme la mano?

—Dios y la suerte.

—¿Cómo pensaste? Ya se me había descompuesto.

Y así fue como él empezó. Todavía estaba chiquito.

Era buen huesero

Había venido un señor que le quería ver la oreja.

—Mi mano está como recalcada nomás —decía.

Vino y le dijo él:

—Ven, trae tu mano.

Estaba quebrado el hueso.

—Tu hueso está quebrado.

Los hueseros le dijeron: "Está solo recalcado".

Y estaba quebrado. Que va el señor a Teziutlán y allí le sacan rayos X. Estaba quebrado. Vino admirado:

—Ahí me dijeron que está quebrado. Por eso no se me compone.

—¡Ah, no me creías!

—¡Sí, no te creía! Los hueseros dijeron recalcado. Y tú, quebrado.

—Entonces me creías como criatura, que no era cierto.

—Pero ahora sí, cuánto te lo agradezco. Me dan punzadas. Hasta ahora creo en ti.

—No creas en mí, cree en Dios. Él es el que lo hace.

Y se vino el señor a regalarle 500 pesos de los de entonces.

—Me sacaste de la duda. Estaba bien machucado el hueso.

Él le dijo:

—Oye cómo hace, rechinan los huesos de la muñeca.

—Cuánto te lo agradezco. Ahorita me van a operar la mano.

Cuando don Inocencio ya se estaba agotando yo le pedía que hiciera un papelito.[3] Él decía:

—También están bendecidos por Dios. Fueron a la doctrina.

A algunas personas sí les estaba enseñando. A una chica que él tenía de su parte, R. A. G., de Ayotzinapa, y a la tía de esta, R. G. de Tzinacapan, casada con P. M.

Las conoció así: una señora de Ayotzinapa llevaba ocho días de estar en el hospital, no se le quitaba el flujo de sangre. Su suegra le contó que viniera a ver a don Inocencio. Vino el yerno de la señora. Un día de mañana como a las seis.

—A ver si me saca de esta duda, ya mi esposa se está muriendo.

—¿Qué tiene?

—Tiene flujo de sangre.

—Si tienen fe en mí, les voy a preparar la medicina. Compra dos chocolates, una rajita de canela y un manojito de ruda. Agarra tres ramitas para ponerlas con lo demás en el agua que hierva.

Y entonces le prepararon y le dieron de tomar. Al siguiente día lo vino a ver el señor y le vino a decir que la señora ya estaba mejor, que ya no le volvió el flujo. Entonces don Inocencio le dijo que ya en la tarde nomás tome media taza y que no levante cosas pesadas.

Ya al tercer día vino la señora. Le vinieron a agradecer el favor que les había hecho y le vinieron a preguntar que

---

3. Que escribiera.

cuánto era. Que no era nada, que nomás que se aliviara. Y eso es todo.

Ya después don Inocencio le decía a la señora que si quería saber la hija, para aprender, que él le había de enseñar. Ya después que les contó a los papás qué le iba a enseñar, vino la cuñada del señor. Trajo a su mamá, enferma también.

—¿Es cierto que le vas a enseñar a mi sobrina?

Don Inocencio dijo:

—Pues yo le estaba platicando que, si quiere aprender la hija de tu hermana, que le puedo enseñar.

—Yo también quisiera aprender —dijo la tía—. Si a ella la vas a enseñar, ¿por qué no me enseñas a mí también?

Mi suegro dijo:

—Yo quisiera que alguien quede para curar, pero que no sea de mis hijos.

Cuando un hijo le pedía aprender, don Inocencio decía: "Ya es un compromiso hacer esos trabajos que le piden a uno".

El hijo le pedía y él no quería. "Después, cuando no pueda yo".

Cuando empezó a enseñar a la tía y a la sobrina, entonces ya él pensó separarse de nosotros. Se fue a Chilcoujta. Esa casa era de él. Él solito. Y después ya se fueron las muchachas, la tía y la sobrina, para aprender. Ahí se iban a quedar. Yo llegué a ver el cuaderno de la muchacha. Estaban escribiendo. Me dio tentación de tomarlo, pero Dios me dijo: "¡Ya déjalo!".

Al irse a Chilcoujta se llevó su altar y todo.

Una vez fui a Chilcoujta y vi que la tía y la sobrina habían escrito unas oraciones en un cuaderno. Se las enseñaba don Inocencio. Una oración del diario. Una oración para defenderse. Oración para pedir por los asustados. Oración si la tierra santa los abraza. Oración si la lumbre los abrasa. Oración si se cae en agua.

Don Inocencio me dijo: "No estés *atocando* esas cosas porque se va a enojar la muchacha".

El poder es la oración. Y la fuerza es con Dios.

Don Inocencio no quería que yo aprendiera las oraciones. Yo a veces le preguntaba cómo se hacen, cómo se dice para que no falte nada. "Yo aquí estoy", él me decía. "Yo tengo la ofrenda para que no falte de comer".

Cuando se enfermaban los hijos, él se obligaba a curarlos.

"Cuando yo les haga falta", decía, "se van a acordar de mí".

VII

DOÑA LICHA DE PUEBLA

Fuimos una colega (Gretchen) y yo a Puebla a buscar a doña Licha, una psicóloga autóctona que vive en ese estado. No conocíamos la dirección de doña Licha y, para hallarla, decidimos preguntar a personas que parecían nativas del lugar y probables conocidas de ella.

Nos equivocamos varias veces, hasta que se nos ocurrió interrogar a un taxista, quien inmediatamente nos dio instrucciones de cómo llegar a su casa. Su vivienda era parte de un conjunto de cuartos comunicados entre sí y que rodeaban un patio con jardines. Desde la entrada se sentía un ambiente de limpieza, pulcritud y fuerza.

Una joven muy bella me preguntó la razón de nuestra visita y al hacerlo sentí cómo su mirada me penetraba en su intento por auscultar mis intenciones. Le dije que veníamos a ver a doña Licha y, después de ir a preguntarle a ella, nos dejó pasar.

Doña Licha

Apareció doña Licha. Me pareció jovial, amable y madura; le dije que éramos aprendices y que hacíamos un estudio acerca de los hombres y mujeres de conocimiento de México y que a ella la habíamos escogido por referencias de uno de los discípulos de don Iván Ramón de la Ciudad de México.

Me sorprendió el ambiente que se respiraba en su casa. Estábamos en una recámara pintada de verde y blanco. Con un altar y una veladora encendida.

Todo estaba en su lugar, limpio, ordenado, con una radiograbadora que reproducía música mientras doña Licha nos hablaba acerca de su vida y su trabajo.

Nos contó que a la edad de 10 años la picó un alacrán y que como resultado de su veneno perdió el conocimiento y se le empezó a hinchar el vientre. Trajeron a un doctor, pero este, al no encontrar ni oír el pulso, la diagnosticó muerta y no le inyectó ningún antídoto. Pasaron varias horas durante las cuales la familia empezó a preparar el velorio.

Su madre, inconsolable, la abrazaba llorando y, cuando esto se repitió varias veces, la niña abrió los ojos, abrazó a su madre y le dijo que no se preocupara, que ella estaba bien.

Unos días después, Licha fue al campo con su abuela. Esta montaba un burro mientras la niña la seguía caminando. De pronto, Licha oyó un sonido como de aletazo de un guajolote seguido por una respiración intensa. Le preguntó a su abuela y notó que el burro movía sus orejas como previendo algún peligro.

La abuela no había oído nada, pero se afirmó en su silla, y Licha, valientemente, jaló al burro hasta su casa.

Después, Licha empezó a sentirse muy mal. Sus manos se torcían y sus emociones se alteraban con gran facilidad. La llevaron con una curandera, quien le dijo que había estado en un "trance de muerte" y había adquirido el poder de curación y que debía utilizarlo.

Doña Licha siguió su consejo y a partir de ese momento sus problemas corporales y emocionales se solucionaron del todo.

Doña Licha se dio cuenta de que podía quitar dolencias, curar enfermedades y resolver los problemas de los pacientes que cada vez en mayor número venían a consultarla. Dependiendo de lo que tenían, doña Licha les hacía un tratamiento individualizado. Algunos recibían limpias con huevo y hierbas. A otros los trataba colocándoles las manos en diferentes partes de su cuerpo. A otros más Licha les tomaba una "vista", que le permitía diagnosticar y planear su tratamiento. Estas técnicas serán descritas enseguida.

Técnicas de curación de doña Licha

Las vistas son un procedimiento de diagnóstico común entre los chamanes y curanderos de México. Consisten en frotar huevos frescos en todo el cuerpo de los pacientes, empezando por la cabeza y terminando por los pies. Después se vierte el huevo en vasos que contienen agua limpia. Dependiendo de las formas que adquieren tanto la clara como la yema, el chamán interpreta el mal del paciente y ofrece un diagnóstico.

En general, la clara significa la parte espiritual del paciente y sus formas le indican al chamán las energías que rodean su cuerpo, cómo lo influyen y controlan.

La yema, en cambio, representa al cuerpo físico. En ella, las excrecencias significan zonas enfermas del cuerpo, los flujos significan infecciones en proceso y las zonas oscuras modelan un aspecto de mucha negatividad.

Las burbujas en la clara se interpretan como seres asociados con el campo energético del paciente. Dependiendo de su posición, el diagnóstico varía, sobre todo si con ellas se asocian "velos" proteicos.

Cuando la yema está cubierta por uno de estos velos y, además, existen burbujas en la superficie, el diagnóstico es negativo.

Si la yema está despejada o se encuentra una burbuja aislada flotando dentro de la clara, se interpreta como positivo, pues significa la presencia de un guía o protector del paciente.

Cuando se observan dos burbujas grandes rodeadas de un velo flotando sobre la yema, el diagnóstico es de un ser que vigila al paciente y ha sido colocado allí por un enemigo como resultado de envidias o celos.

Cuando la burbuja se encuentra incrustada en la yema se considera que hay un "espíritu ahogado".

En realidad, la descripción que acabo de hacer apenas si da una ligera idea de la complejidad del diagnóstico asociada con la forma de las vistas.

Dependiendo del diagnóstico de la vista, doña Licha decide su tratamiento. Esto puede consistir en una limpia usando como instrumento el propio cuerpo de la psicóloga autóctona y sus manos como medios para alejar zonas de desequilibrio; o el uso de huevos que son frotados en la cabeza, espalda, manos y brazos del paciente; o bien lociones que se untan en las sienes, con el objeto de despejar energías negativas.

Doña Licha emplea un procedimiento peculiar que consiste en colocar sus manos, previamente bañadas en bálsamo, sobre las orejas del paciente, haciendo un movimiento hacia fuera, como de succión. Más adelante, frota la nuca y la frente del paciente y, por último, sopla fuertemente dirigiendo el aire hacia la nuca. Yo fui sometido a un procedimiento como el que acabo de relatar, con resultados muy positivos. Mi sensación fue de relajación y liberación de bloqueos mentales.

Doña Licha dice que todos los procedimientos que utiliza le "llegan" por un acto de intuición.

Mediante este mismo acto, doña Licha dice ser capaz de distinguir si las personas que vienen a visitarla están enfermas o poseen un poder psíquico que no han desarrollado.

De acuerdo con ella, "si una persona tiene el don de curar, pero no lo utiliza, la energía que no da se acumula en su cuerpo y produce trastornos".

Doña Licha recuerda que el haberse dado cuenta de lo anterior en su propio proceso le ha permitido entender el de sus pacientes.

"Mientras más curo y doy", me dijo con voz alegre, "mejor me siento. Cada vez que curo a un paciente, me curo a mí misma".

Doña Licha usa su propio cuerpo como herramienta en sus curaciones. Distingue la enfermedad mediante sus manos, colocándolas en diferentes zonas del cuerpo de sus pacientes, con lo cual detecta excesos o faltas de energía, desequilibrios o balance.

Esta psicóloga autóctona dice ser capaz de diferenciar entre la enfermedad de un paciente y el don de poder o curación, que puede manifestar síntomas similares. Cuando descubre un poder en alguien, hace lo posible para impulsar su desarrollo. En ambos casos, de enfermedad o poder, doña Licha intenta no crear dependencias.

Una de las más impresionantes lecciones que doña Licha ofrece es la confianza en su cuerpo como instrumento de curación. Las hierbas, huevos de limpia y las medicinas las considera como eventuales y secundarias en comparación con su presencia natural y su intuición.

Al preguntarle acerca del origen de su capacidad curativa, ella insiste que esta depende de su grado de entrega e impecabilidad.

Doña Licha no es una médium ni parece interesada en penetrar en trances inconscientes. Lo que sí expresa es un deseo ferviente por encontrar un maestro que la guíe en su camino.

Al mencionarle la existencia de don Lucio, que, como ella, tuvo un "trance de muerte", pero, a diferencia del de ella, no de unas horas, sino de tres años completos, doña Licha expresó curiosidad y esperanza en que alguien así pudiera guiarla.

Contrariamente a don Lucio, doña Licha no recuerda lo que sucedió en su "trance de muerte". Solamente reconoce que fue después de ello que adquirió dones de curación.

Don Lucio afirma que durante su "trance" de tres años fue instruido por los trabajadores del tiempo, quienes lo guiaron y le enseñaron a curar.

Resulta muy interesante que estos dos personajes hayan desarrollado su capacidad curativa después de un evento tan similar, aunque de diferente duración.

VIII

LOS "HASIDIM" DE MORELOS

Hace cinco años tuve el gran privilegio de conocer a un grupo de campesinos mexicanos interesados en el desarrollo de la conciencia. Viven en el estado de Morelos, en un pequeño y pintoresco pueblo a 50 kilómetros de la Ciudad de México.

Cuando los conocí, me invitaron a conocer su trabajo de desarrollo, y yo me asombré por su motivación, humildad, inocencia y sensibilidad. Dos veces a la semana se reunían para aprender técnicas de curación, manejo de energía y, sobre todo, lo que ellos llaman "desprendimientos". Este último término denota la capacidad de efectuar una separación entre el cuerpo y la psique o entre el espíritu y la materia. Guías especializados, entre ellos, se dedican a enseñarles a candidatos del mismo pueblo la forma en la que sus espíritus pueden "desconectarse" de sus cuerpos. Dicen ellos que estos desprendimientos dejan al cuerpo libre como para ser ocupado por otras conciencias, capacitadas para desarrollar sistemáticamente sus cerebros y sus cuerpos.

Los más adelantados de entre los candidatos pasan a formar parte de un cuerpo de especialistas, que ellos llaman "facultades". Las facultades curan, dan consejos y se comunican con seres suprahumanos. Esta comunicación es, según este grupo de campesinos, esencial para recibir enseñanzas acerca del Ser y la conciencia.

Ellos no lo llaman así, pero su trabajo es el de un verdadero instituto de investigaciones psíquicas acerca de la conciencia.

Yo les llamo los "hasidim" de Morelos porque me recuerdan a un movimiento de místicos judíos que hacia mediados del siglo XVIII surgió en Polonia, comandados por Israel Baal Shem Tov. El hasidismo judío también estaba constituido por gente humilde, inocente y de gran sensibilidad que, al igual que los campesinos de Morelos, se interesaba en desarrollar su capacidad de estar en contacto con Dios a través de su corazón lleno de motivaciones espirituales.

Los hasidim de Morelos ofrecen un espectáculo de verdadera devoción y amor para cualquiera que tenga la suerte de conocerlos. Todos los domingos en la mañana se reúnen en un recinto de oraciones y escuchan al más adelantado de entre su cuerpo de facultades. Este, al que llaman guardián, entra en un trance mediumnístico y "dicta" una cátedra para la congregación. En estas cátedras, el guardián habla de la esencia divina como heredad de todos los hombres y explica que en cada uno de nosotros se encuentra la luz de Dios.

Además de su labor de aprendizaje y de las cátedras dominicales, los hasidim de Morelos dedican dos días a la semana para curar a cualquier enfermo que así lo solicite. El trabajo de desarrollo y las enseñanzas adquieren, en el trabajo de curación de la comunidad, una verdadera función social.

De acuerdo a la concepción de la realidad de estos psicólogos autóctonos, el ser humano puede comunicarse con seres etéreos que pertenecen a otra realidad existencial. Estos seres espirituales tienen diversos grados de desarrollo. Los más avanzados son capaces de enseñarle al ser humano si este logra establecer una comunicación con ellos. Los menos avanzados están en busca de luz que una facultad desarrollada puede ofrecerles. De esta manera, continuamente existe un intercambio entre los seres espirituales y los hombres.

Cada ser espiritual, según los hasidim de Morelos, tiene su propia individualidad, al igual que los seres humanos. Sin embargo, todos compartimos la misma esencia.

Los más adelantados logran establecer un contacto más cercano y fluido con su esencia. Los menos avanzados están lejos de ella. El verdadero camino del desarrollo consiste en abrirse para lograr un contacto íntimo con la esencia. Precisamente, eso es lo que logra la facultad más adelantada durante las cátedras dominicales.

El linaje de los hasidim de Morelos proviene de un grupo de mexicanos que se formó en Xochimilco durante el siglo pasado. El grupo de Xochimilco anunció que la humanidad había entrado a una nueva etapa de su desarrollo, a la que llamaron "Tercer Tiempo". México se consideró la sede de este cambio de la conciencia y, pronto, grupos parecidos al de Xochimilco se empezaron a formar en todo el país.

Actualmente, localidades como Yautepec, Puebla, Cuernavaca, la Ciudad de México y muchas otras tienen grupos parecidos al de los hasidim de Morelos; es una verdadera red de desarrollo que para la mayoría de los mexicanos pasa desapercibida. Esta red subterránea constituye, en mi opinión, uno de los más interesantes linajes de psicólogos autóctonos de México.

IX

DON FLORENCIO DE MORELOS

Don Florencio es uno de los miembros del grupo de campesinos que viven en Morelos y que se han dedicado, durante los últimos años, al desarrollo de una serie de prácticas dirigidas a la expansión de la conciencia. En la actualidad, don Florencio es el guardián del grupo y tiene como función vigilar que sus prácticas no pierdan vigor o se desvíen.

En este capítulo intentaré describir el trabajo que lleva a cabo don Florencio y el grupo al que pertenece.

Antecedentes

A fines del siglo pasado se inició en Xochimilco un nuevo linaje de psicólogos autóctonos. Este linaje se dedicó a desarrollar, entre sus miembros más sensibles, una capacidad para penetrar en niveles alterados de conciencia y vivir un nivel de realidad alterna, en el cual recibían mensajes y lograban cogniciones lúdicas acerca de acontecimientos históricos y personales. Cada domingo, durante más de medio siglo, este linaje se reunió para recibir lo que ellos denominaban "cátedras", impartidas por algún miembro veterano, el que entraba en trance y, en ese estado, recibía una serie de mensajes que, a su vez, transmitía a sus oyentes.

Este grupo de campesinos pertenece a una serie de congregaciones que trabajan en la Ciudad de México, Yautepec, Totolapan y otros pueblos del estado de Morelos, y que parecen ser descendientes del primer grupo antes mencionado.

El grupo de don Florencio está organizado en una forma muy similar a la de los otros grupos. Estas organizaciones están comandadas por un triunvirato, constituido por un guardián, un guía y un personaje llamado Pedro.

La función del guardián, como ya lo mencionamos, es la de vigilar las prácticas del grupo; el guía dirige su desarrollo y Pedro se encarga de mantener su cohesión.

Además de este triunvirato dirigente, existen las llamadas "facultades", las que actúan como receptoras y transmisoras de los mensajes. Estas facultades reciben un entrenamiento que las prepara para su labor mediumnística. Los mensajes son transmitidos mediante discursos denominados "cátedras", que son ofrecidas por estas facultades, en estado de trance, los domingos.

Los grupos también están formados por las llamadas "columnas", encargadas de vigilar que los mensajes de las facultades lleguen a oídos atentos.

En una transmisión directa de una conversación mantenida con don Florencio, este hace un relato de la fenomenología de la entrada de una facultad en el estado de trance, en el cual ofrece una cátedra. Esta transcripción se encuentra al final de este capítulo.

El concepto de vida de don Florencio

Según don Florencio, no existe la muerte del Ser. Únicamente aquellos que se han comportado negativamente durante su vida, los que han causado daño y dolor, mueren definitivamente. En cambio, los seres humanos bondadosos y que han hecho el bien viven para siempre. También según don Florencio, la reencarnación existe y el sentido de la existencia es el logro de un cada vez mayor contacto con la esencia.

La esencia, de acuerdo al linaje de don Florencio, se presenta a una facultad desarrollada para dar cátedra. La esencia es verdadera cuando en sucesivas cátedras se muestran cambios. Y es falsa o materializada cuando en las cátedras se repite el mismo discurso. Esto último es señal de que la facultad es pobre en su desarrollo. La esencia es interna y no externa. Es decir, lo que una facultad aprende durante su desarrollo es a establecer un contacto consigo misma.

El desarrollo de una facultad se llama "desprendimiento". El candidato a convertirse en facultad aprende a separarse o desprenderse de su cuerpo para poder conectarse con la esencia o con algún ser espiritual de categoría intermedia entre los seres humanos convencionales y la esencia.

Las tribus de seres espirituales

Según don Florencio, cada ser espiritual tiene un nivel diferente de contacto con la esencia. Una facultad que tiene contacto con un ser espiritual recibe el nivel de contacto con la esencia.

El cerebro de una facultad se llama "aparato" y sirve, según este linaje de psicólogos autóctonos, para establecer un contacto específico y selectivo con un determinado ser espiritual o con la esencia.

Don Florencio menciona nombres como Benjamín de la Selva, Pluma Azul, Piel Roja, etcétera, para identificar la tribu de seres espirituales con la que las facultades de su templo han establecido contacto.

Aprendizaje de don Florencio

Este psicólogo autóctono me confesó que su desarrollo ha tomado 10 años y que sus maestros han sido facultades de diferentes templos de la Ciudad de México, Yautepec y Totolapan.

En su aprendizaje, don Florencio ha pasado por diferentes etapas o niveles. En un principio él creía que tanto los seres espirituales como la esencia eran externos e independientes de sí. En la actualidad cree que la esencia es interna y que se encuentra en todos los niveles de organización del ser humano, desde sus células, tejidos y órganos hasta su persona como una totalidad.

Las cátedras

Todos los domingos don Florencio ofrece una cátedra a los miembros de su comunidad. En un recinto cerrado se reúnen el guía y el Pedro de la comunidad, junto con las facultades y los habitantes del pueblo (la mayoría mujeres). Se encienden tres grandes cirios frente al altar de siete peldaños, y el guía de la comunidad comienza a hablar. Sus palabras son enmarcadas por las flores del altar y un cuadro de un ojo del cual salen siete rayos. El discurso del guía invita al recogimiento, la oración y la meditación. Habla acerca de la llegada de la esencia y prepara al guardián para que entre en trance y pueda, en ese estado, hablar a la comunidad.

Después de varios minutos el guardián (don Florencio) cae en una especie de estupor acompañado por ligeros movimientos corporales. Cierra los ojos y ocupa la silla más grande del estrado. Cuando el guía termina su discurso, don Florencio empieza el suyo.

Enseguida presento la transcripción literal de una cátedra de don Florencio, pronunciada el domingo 8 de diciembre de 1985.

Cátedra de don Florencio

[Inicio de la transcripción]

Paz en la tierra a los hombres de buena voluntad. Gloria a Dios en las alturas. En la escala de perfección nacido y ahí está entre nosotros. ¡Oh, pueblo amado!, ¡oh, corazones benditos que te habéis reunido en este misterio de paz! Y vengo en pos de ti, en representación de los siete sellos. Las siete iglesias plantadas por el enviado del tercer día.

He aquí, pueblo bendito, a quien en verdad vi. En ciertos te habéis reunido en este misterio preparado por mi mano. Dios, en representación de las 12 tribus encarnadas y desdentadas en este planeta Tierra.

Yo te doy la bienvenida, aposenta tu planta en este pan a donde voy a entregarte la lección de paz que aún te corresponde en este instante. A los que habéis venido para estar cerca de mí, bienvenido seas, pueblo, desde el instante en que te habéis preparado tu planta al pórtico de este dintel preparado. Yo te doy la bienvenida, pueblo.

Corazones muy llamados al que preparado puedes encontrarte en esta alba bendita, 8 de diciembre de 1985, en que una vez más con mi palabra sublime, con mi voz sacrosanta, que vengo a entregarte en alba de gracia, una lección más en aquel momento en que habéis escuchado, de mi palabra sublime, diferente lección. Y ahora vengo a entregarlo ante ti, corazones benditos, que te habéis reunido desde aquel instante al despertar. El eco de aquella campana sonora, para llegar hacia mis corazones muy amados, han pasado muchos antes y tú siempre te habéis recreado en esta mi casa, bendita adoración, donde habéis conocido de mi doctrina espiritual.

Donde te habéis recriado desde hace algunas albas y en sí en verdad sigues siendo el mismo parvulito, al que te encuentras a cada instante y a cada momento, para venir a escuchar mi palabra sublime.

De mi palabra sagrada, de mis virtudes y mis prodigios que vengo a derramar a cada uno de vosotros, en ese aparato electrónico que funde tu propia sabiduría.

Qué incierto si en verdad te digo pueblo; vosotros habéis escuchado de mi palabra, pero no os habéis avalorado lo que vengo a enseñarte en alma. Tras aún porque en ciertos han pasado muchos años y son pocos aquellos corazones que en verdad han luchado y preparado sin plata. Han preparado su cuerpo corpóreo para que una vez más acepte de mi enseñanza, de mi esencia que vengo a entregarte, esa luz divina que viene de ti mismo, esa iglesia, ese templo que eres tú mismo, corazones benditos; al que debes valorar alba tras alba y al que debes aquilatar como una joya que se encuentra en este plano terrestre y que tú mismo eres corazón amado. Eres el mismo que evolucionamos por medio de un aparato que te hace conocer y que te hace sentir, corazones amados, pero nunca lo has podido hacer.

He aquí mi lección preparada, continúa en sí misma para ti. En aquel momento se encontraba con varón llamado Abraham, que pudo haber sido un amigo sincero y fiel de la esencia perfecta. ¿Cómo se encuentra esa esencia? Podría ser en el espacio, en el plano terrestre donde tú habitas, pueblo. En el viento, en el ruido de dos o más rincones de la Tierra y esa esencia que en verdad te hace sentir y te hace palpar sobre ti mismo y es para que te haga llegar a lugares muy hermosos. Al que te hace conocer tu propio entendimiento por doquier de los demás de la Tierra y esencia que vengo a derramar en ti mismo y que tú eres el mismo. El que debe sentir en la propia célula de tu mente. Aquel varón en aquel momento, cansado de años, un siglo de años y pensando en su mente, que no se encontraba solo en el planeta Tierra. Pasaron los días después de un siglo y aquel varón en un sueño pudo ver escuchando y palpando por medio de su sueño que tendría que tener un hijo. El que tendría que propagarse en las tierras de Caná.

Pero pasó el tiempo y la esposa de aquel varón, teniendo 90 años, no era posible que concibiera un hijo, pero quién como la mente del hombre.

Sabía que en cualquier momento, siendo la misma esencia perfecta y la sabiduría sublime de una mente poderosa, llegó el momento en que, una vez más, pudo verse concebido un hijo en las entrañas de aquella anciana y aquel varón anciano de más de un siglo de años. Pensando en la esencia, perfecta, sublime y en la doctrina que él mismo la comprendía y él mismo la introducía en su propia mente, estuvo muy seguro de que lo que sus sueños le habían adelantado estaba probado por medio de una esencia, por medio de una sabiduría. Entonces aquel varón llegó el momento y sabía que ahora sí contaba con un hijo, al que tenía que ver florecer en las tierras de Caná.

¿Cuál tendrá que ser el florecimiento de aquellas tierras extranjeras? El propio hijo que él tenía y que podría propagarse a través de muchos años en aquellas tierras solas, en aquellas tierras que no había quien trabajara para florecer el plano terrestre.

Pasaron los años de aquel varón que empezó a hacerse hombre, entonces aquel amigo de la esencia perfecta, cual puedes decir tu Dios y Señor.

Que Dios Jehová, que no lo conoces, pueblo bendito. La esencia perfecta, que nadie de nosotros puede contemplar a donde puede encontrarse esta esencia, más no sabiendo cuál es la práctica y la sabiduría, que sobre ti mismo existe la propia esencia, y la luz perfecta que se derrama en la célula de cada uno de vosotros. Fue en la mente sabia que conduce a cada cuerpo corpóreo de nosotros en este plano.

Si aquel varón nuevamente tuvo otro sueño donde su propia sabiduría se estaba dando cuenta, por medio de sus sueños, de que tenía que entregar un tributo holocausto a la esencia perfecta, y para probar que su sabiduría era perfecta y estaba en sí y que esa esencia existía aunque él sentía a cada rato el momento. Estaba probando en sí mismo si él confiaba en la misma sabia de su propia mente. Ese pequeño que hacía presente como varoncillo para sacrificarlo y hacerlo entregar como sacrificio a su Dios y Señor. Cual es la misma esencia que se funde en su propia sabiduría en sí, probado fue y quien pudo haber sido ese varoncillo.

Los mismos cuerpos que se reúnen en cada recinto, en cada casa, bendita adoración, a donde las reuniones y las congregaciones de las almas corpóreas vienen y se acercan para meditar cinco minutos en las cosas benditas de oración; a donde quieren conectar su mente la gran sabiduría que deseen para que el hombre del plano terrestre pueda alcanzar nuevos horizontes; a donde el hombre tendrá que encontrar cosas grandes en el futuro, porque el plano terrestre está cubierto de grandes masas materiales. En la naturaleza de la Tierra existen muchas cosas benditas y sagradas por sí mismas. En las entrañas de la Tierra, grandes cosas y minerales puedes contemplar, corazones benditos. En cada lugar de la Tierra son diferentes los lugares de su entrañez. ¿Por qué son diferentes? Porque no en todos los lugares existen los mismos minerales, que una vez más van encontrando los grandes científicos de la Tierra, que es el hombre más adelantado, que va hacia el más allá. Y tú, porque, corazones benditos, no puedes adelantar más de mi causa divina, que es la tuya también y que en ti mismo se funde esa causa, esa esencia que puede estar cerca de ti por medio de tu sabiduría. Para que puedas captar cosas sagradas, cosas importantes para que sepa el hombre de la Tierra. Y tú, porque no lo puedes hacer, corazones benditos, si eres también hombre, quien puede calificar cosas extrañas a su propio hermano y semejante.

Van pasando, que en verdad aquel varón ha calificado, que si es cierto el mismo hombre de la Tierra es poderoso, es la misma esencia y la luz perfecta que se derrama por medio de un Dios invisible, por medio de un Dios que existe en el interno de tu propio corazón.

Pueblo bendito, no pienses, corazones amados, que la imagen es el Dios, que la estatua es el Dios que forma por doquier los lugares del universo entero; no, pueblo amado. Esa es una estatua, imágenes que funden como tú mismo, que se puede encontrar tu imagen, por medio de un aparato que pueda fundirse, para que el mañana contase de la humanidad que tú luchaste y trabajaste a través de un tiempo, que tú pudiste conocer.

Sana y perfecta, limpia como los santos, y esta es una de mis palabras que vengo a enseñarte en alba pasada. En aquel momento, el día 1 de diciembre, que pudiste ver contemplado, a donde pude haberte entregado, corazones benditos, grandes maravillas, al que podrás descubrir tú mismo en el futuro, donde pude verte preguntando cómo el hombre de la Tierra va evolucionando a través de los tiempos. Por diferentes etapas, como en verdad en aquel momento pude verte preguntando de los grandes reinados.

Como se va acabando todo, y como en verdad la vida de Jesús el Cristo de aquel tiempo, que tú has visto hablar, por medio de los científicos bíblicos, por medio de la doctrina romana, y te vas dando cuenta, un nacimiento de Jesús tal llamado el Nazareno. Acaso Jesús vino a nacer para ser un hombre que viniera al ataque de la humanidad de este mundo. No, corazones benditos, porque en ciertos vino para afirmar que ese tiempo era el rey, porque te hacía preguntas, resúmenes y no los sabías contestar.

Al fin murió, derramó su sangre, y de allí se ha acabado ser un rey del plano terrestre. Estás en lo cierto, pueblo, o no estás en lo cierto, porque puedo decirte, corazones benditos, ahora la esencia de un rey está sobre ti mismo. Corazones benditos, porque tú eres el propio rey que funde con tu propio albedrío. Tú puedes brincar el cerco de un presidio, donde puedas encontrarte y recrearte por ti mismo, por doquier de todos los lugares de la Tierra.

Entonces quién es el rey pueblo, corazones benditos. Acaso Dios, que tú habías hablado de aquel tiempo es el rey entre ti mismo, viene a ordenarte como una gran autoridad de este mundo. No, corazones benditos; no, pueblo; no te dejes engañar de aquellos hombres que en verdad han inculcado a la humanidad por un corto tiempo. Pero todo está pasando, y todo va a poner paz a sus corazones.

Ahora en tu propia sabiduría, en tu propio conocimiento, en tu propio entendimiento, existe, para tu conocimiento, un Espíritu Santo, que funde en tu propia mente y eres tú mismo el rey que puede ser en este mundo, porque todo depende de ti, corazón amado. Porque puedo decirte que en ti está todo lo que puedas hacer en el mundo para que te retires en un camino de gran pedrería. Para que tu corazón pueda dañarse por medio de un espiro y una broca y para que tu corazón limpie y sane. También estás libertado para ti mismo y en tu Dios y Señor que está en ti, en tu propio interno corazón.

Esta fue una de mis enseñanzas del día de hoy. Y ahora he entregado un renglón más adelante de la que tú debiste haber escuchado, pueblo, en aquel día 1, ahora vengo a entregarte una lección más. Cual es la que te he entregado en esta alba bendita de gracia, día 8 de diciembre de 1985, a la que una vez más en proporción he entregado, en poca porción he recibido corazones a los que en verdad habéis delinquido ante tu hermano y semejante, al que en verdad habéis cometido errores altos en tu propio entendimiento. Yo te los perdono. ¿Por qué te los perdono? Porque vengo a enseñarte cosas benditas y sagradas y en ti mismo existe el perdón, en ti mismo existe, por medio de tu entendimiento, sois perdonado tú mismo. Porque tú mismo eres el que lucharás y trabajarás para que ese cargamento que llevas a pie de la cuesta no sea tan pesado para llegar a ese nuevo horizonte, al romper un astro viene iluminado para que te conduzca a un lugar más sagrado para estar a la diestra de la gran inteligencia y sabiduría que conduces en tu propia sabiduría, para que así mismo pueda existir una nueva evolución, una nueva resurrección de tu propio espíritu. Él será el futuro y tú serás aquel, que en verdad has sido el hombre de la Tierra como un péndulo.

Esta es una de mis palabras que vengo a entregarte como sabiduría y esencia grande y perfecta desde los altos cosmos de un planeta en que puedes encontrarte a ti mismo en el nombre del Padre y del Hijo y del Espíritu Santo.

¿Qué habéis preparado, guía de multitudes?

HABLA EL GUÍA: *Nos sentimos llenos de amor, llenos de confianza al recibir tu enseñanza, padre. Que es una escuela a donde venimos a aprender los primeros pasos. Gracias te damos, señor, por impartir tu presencia a los presentes, señor, infinitas gracias.*

CONTESTA EL GUARDIÁN: *Las gracias que das al Dios, al que en verdad viene a entregarte sabiduría y enseñanza y al que se funde en ti mismo por medio de la confianza y la fe que existe en el interno de tu corazón, el templo de tu interno corazón. Que eres el mismo que le da las gracias a Dios y Señor, al que infunde en tu propio conocimiento y tu sabiduría, en verdad lo decía, gracias.*

Yo hombre amo, desde este instante, el cuerpo de media luna, para que una vez más en ellos pueda sentirse y derramarse. Que es la esencia que viene a entregar a vosotros y que por instantes crees que vas a la lucha de tu propia evolución y en este momento he entregado, pueblo, he entregado, corazones que me estáis escuchando en este instante, y al que tú mismo puedes producir un gran sacrificio hacia el futuro, dándote el propio interés para ser el alcance de una sabiduría de este planeta Tierra. Para saber de tu propia naturaleza como se ha fundido en tu entendimiento, en la esencia que está derramándose sobre ti mismo y que eres tú el mismo al que puedes estar cerca del entendimiento de una esencia perfecta.

Te digo, pueblo, en este instante, bienaventurado seas la poca porción de corazones que te habéis reunido, en esta mi casa, bendita oración. Donde puedo reunirte para estar cerca de ti y en este instante yo preparo altos montes y bajos caminos, lugares todos de la Tierra a donde la propia naturaleza se ha recriado y se ha fundido en grandes postules.

Yo preparo y les bendigo, cárcel y presidios, lugares todos de la Tierra como recintos del saber para aquella creación pequeña, al que ilustrándote en el camino. Voy alimentando tu gran sabiduría en mi esencia perfecta.

Cavernas de oscuridad, lugares propios de la Tierra a donde el propio mal espíritu se ha fundido en la mujer y en el hombre de todo el plano terrestre.

Preparo el hombre mandatario de todo el universo entero, para que una vez más mis elementos que he estado preparando a través de los años.

Mis elementos son y consisten en la misma esencia de la propia naturaleza, los elementos que en verdad se están preparando más y más, para que el hombre que se ha recreado sin meditar cinco minutos escuchará y contemplará los movimientos de los remotos elementos que están preparándose plagas preparadas como en aquel tiempo, que preparándose están para que pueda contemplar el hombre de la Tierra en este plano terrestre, como en verdad llegará el momento en que una langosta podrá comerse al hombre de la Tierra, los elementos que en verdad tendrán que aparecerse a través del tiempo.

Porque en verdad el egoísmo y la envidia y esa imperialidad que existe en el plano terrestre tendrá que cumplirse al pie de la letra. Porque en cierto escrito está, con una gran sabiduría de la esencia que funde en la mente de un ser humano, pero que he aquí tu propia mente podrá doblegar y fundar solo por meditar cinco minutos y contemplar que cualquiera de los elementos podrás dominarlo con tu propia mente.

Yo preparo todo por igual, del más grande hasta el más pequeño, yo preparo con mi mano poderosa, el Hijo y el Espíritu Santo. Hecho está, corazones, porque te habéis preparado para llegar a este dintel, donde tu propia planta se está preparando y conduciéndose hasta los más rincones de este plano terrestre; que tú mismo eres el que también podrás alcanzar hasta el más allá.

Esta es una de mis enseñanzas que vengo a entregarte.

[Fin de la transcripción]

El concepto de la realidad de don Florencio

Como ya mencioné, don Florencio sostiene la idea de que existen seres conscientes (espirituales) en otra dimensión, con los cuales es posible comunicarse después de sufrir un entrenamiento adecuado. Este entrenamiento se llama "desarrollo" y estimula la capacidad de desprendimiento o separación del cuerpo y el espíritu.

Por detrás de los seres espirituales y sosteniendo los espíritus, se encuentra lo que el linaje de don Florencio llama "la esencia". Esta es común a todos los seres, los cuales se diferencian entre sí dependiendo de su cercanía o alejamiento con respecto a esa esencia.

En la concepción de este psicólogo autóctono, la muerte corporal no conlleva necesariamente la muerte del espíritu. Este sobrevive y vuelve a encarnar en otro cuerpo y otro cerebro, al que don Florencio llama "aparato". La sobrevivencia del espíritu depende de sus obras.

Algunos comentarios del propio don Florencio fueron transcritos de una grabación que él mismo hizo en compañía del autor y que enseguida reproduzco:

—Don Florencio, ¿están trabajando en el templo?

—Sí.

—¿Y cuándo están en el templo?

—Mañana me toca trabajar, mañana domingo.

—¿Y usted da cátedra?

—Sí, yo.

—¿A qué hora?

—A las 10 de la mañana, a más tardar a las 10:30. Y el martes, trabajos de curación.

—¿El martes curan? ¿Usted también hace trabajos de curación?

—El miércoles es un consejo que se da el primer miércoles de cada mes. Se da un consejo, o sea que la ciencia espiritual llega al consejo, a la humanidad que está escuchando. Pero este consejo es para ilustración de la gente.

—Pero ¿qué diferencia hay entre la cátedra y el consejo?

—¡Ah, sí! Es muy diferente. El consejo lo entrega un ser espiritual, por ejemplo, Castor, Piel Roja, Pluma Azul.

—¿Sigue Pluma Azul?

—¡Sí, claro, cómo no! Está Benjamín de la Selva, otras tribus. Ahora hemos descubierto los gigantes.

—¿Gigantes?

—¡Sí! No se ha dado cuenta de eso. Sí, porque en aquel tiempo los gigantes predominaban en el tiempo de Noé, hemos estado encontrando que los gigantes hicieron muy mal a la humanidad. Eran hombres muy grandes, más de dos metros, y muy fuertes, y a la gente baja la amenazaban mucho. Y la historia, el Viejo Testamento, nos habla de que Noé ya les empezaba a hablar del diluvio y vino el diluvio y se perdieron todos. Pero antes dominaron a un tal David.

—¡No! Goliat.

—Sí, Goliat. David fue el que lo mató y nosotros no habíamos descubierto, y hubo un ser espiritual, Castor, el que lo descubrió.

—Pero ¿todavía siguen esos gigantes?

—No, ya no, pero estamos investigando que esos gigantes predominaron en aquel tiempo. Hemos investigado por medio de los seres espirituales y por medio del papiro.

—¿El papiro?

—Sí, el papiro, o sea, el periódico.

—Ah, coincide lo que dicen los seres espirituales.

—Exacto.

—Oiga, dígame una cosa: ¿qué siente cuando le llega un ser espiritual, cuando da cátedra?

—Sí, sí, vamos a hablar de eso, me gustaría que se dé cuenta. Yo a la hora que voy a trabajar no como nada, solamente un café y un pan por la mañana, a la hora del desayuno, y ya me voy a trabajar, y a la hora que yo llego no debo hacer nada de atenciones materiales. Llego, me siento un rato; ya que es hora, me voy al lugar. Al llegar ahí, yo empiezo a meditar, y cuando estoy meditando, empieza a despejarse mi mente y ya no me acuerdo de nada, se va todo, ya no pienso nada. Ya hay algo material y ya me viene una mentalidad, no sé de dónde. Entonces, cuando empieza a hacer aparición el que va a hacer la aparición y la oración, entonces es algo como llegar una palabra que ya me está dando a la mente qué es lo que voy a decir. Pero pasa eso, después siento que algo viene y se centra en mi mente y siento sueño. Ese sueño empieza a dominarme, entonces lo que tengo que hacer es prepararme muy bien y ya empiezo. Repentinamente mi mente se va, y usted siente quién es y como que lo levanta algo. Y queda como a metro y medio, y entonces ya algo viene, vienen luces para acá y para allá.

—¿Luces de colores?

—No, blancas. Entonces me siento como que me penetran. Todavía llega algo de lo que habla la gente. Haga de cuenta que se está hablando a unos 100 metros, se oye un ruidito, pero ya usted se fue, se queda uno como una estatua. Y es como si un radio estuviera diciendo: "Di esto", "Di esto otro", "Esto es lo que vas a estar hablando". Cuando el otro ya está donde su oración, usted ya está concentrado. Haga de cuenta que usted ya está concentrado.

—Pero ¿se siente usted mismo?

—No, ya no, usted siente que es un aparato que está transmitiendo.

—Pero ¿usted recuerda lo que dice?

—No, nada.

—¿No recuerda nada cuando ya sale de eso? ¿No recuerda nada?

—No, nada, usted no sabe nada, queda como borracho, atarantado. No sabe nada, qué fue la cátedra, usted no sabe nada. Usted nomás recuerda que estuvo trabajando unas dos o tres horas, usted estuvo dormido. Y entonces la humanidad le platica qué fue la cátedra, de qué se trató la cátedra, qué enseñanza fue.

—Y usted cuando está dormido, ¿a dónde se va?

—No, no se siente nada, no se siente uno. Usted haga de cuenta que se queda dormido, uno no sabe de qué se trató la cátedra. Entonces, es algo raro porque a uno le preguntan

"¿Usted dijo esto?", pero no sé. Y hay gente que no cree, que piensa que usted sí sabe lo que dijo. Entonces todo mundo le pregunta y usted no sabe. Después pasa usted, puede tardar media hora, eso es lo que he visto con el reloj.

—¿Quién es el que se conecta con usted? ¿Es siempre el mismo?

—No, son distintos.

—¿Cada vez que da una cátedra cambia?

—Sí, yo lo voy a sacar de dudas. ¿Sabe por qué? Porque he visto aparatos que nosotros les llamamos sacerdotes.

—¿Qué son aparatos? ¿La mente?

—La mente es el aparato de nosotros. Por ejemplo, yo no soy el que va a trabajar, es otro el que va a trabajar, entonces he visto aparatos que siempre entregan unas cátedras, las mismas.

—¿Y es igualita la cátedra?

—Es igualita. Por ejemplo, el primer domingo entrega una cátedra con un mensaje y el siguiente vuelve a entregar el mismo y el tercer domingo vuelve a entregar el mismo, entonces ese aparato, para mí, sobre mi capacidad de alcance. Creo yo que ha aprendido con materialidad. ¿Sabe usted lo que es materialidad?

—Sí.

—O sea, como que ha aprendido un discurso. Entonces ya se lo sabe y siempre lo está repitiendo. Quiere decir que este aparato no cambia. Ahora le voy a decir una cosa, esto es una aguja verde. Entonces, quiero que lo sepan. Para que ustedes estén más enterados, cuando yo me fui a recibir a México, en el centro matriz de toda la doctrina, cómo la llamamos.

—¿Dónde es?

—Neptuno número 22, en la colonia Guerrero. Bueno, me fui a recibir allí. Yo estuve desarrollando 10 años.

—¿En México?

—A veces allá, en México; a veces aquí. Cuando yo me recibí, ni quería ir, me daba miedo. Me hacían pruebas y yo pensaba: "Van a decir que no sirvo".

—¿Sabe qué? Yo siento que hay aquí un ser.

—Sí, sí lo hay.

—Pero bien fuerte.

—Sí, sí, claro que sí. Entonces yo así pensaba, pero entonces yo, la primera vez, yo no quise ir. Es el centro matriz, es un colegio verdadero, o sea, es una universidad, hay mucho trabajador y yo no quería ir. Pasaron tres meses y me volvieron a insistir y no quise ir. Yo sentía que no iba a dar la punta. Pero antes de eso yo había ido a trabajar un día. Y llegó un hermano y me dice: "Mira, te vengo a ver". El médico, siendo director, tenía a su cargo a 23 médicos. Era un tal doctor Gustavo Delgado, de Baja California. Y llegó un día un estudiante, que estaba enfermo. Y se reunieron los médicos y no daban, entonces yo di la puntada.

—¿Qué es dar la puntada?

—Acertar, dimos con lo que tenía un estudiante. Tenía estrellada una parte de la columna, nomás la tenía estrellada. Localizamos el daño que tenía ese muchacho. Entonces el doctor inmediatamente ordenó que se hiciera la intervención. A los 20 días que regresé, el muchacho ya estaba ingresando nuevamente a la universidad, estaba sano. Allí se me quitó el miedo y dije entonces: "Ahora sí como que me siento capaz". Después de 10 o 12 días me dijeron: "Queremos que ya te vayas a consagrar", y yo les dije: "Pues sí, parece que ahora sí ya", y les dije a los muchachos: "Si no doy puntada, si no puedo resolver las pruebas, le saco ya". Y sí pude, me pasaron a videncias superiores y las pasé.

—¿Cómo videncias superiores?

—Fue cuando está una cátedra y se está sentado allá viendo toda la evolución. Como si se está viendo una televisión, y yo di la clave de todo lo que entregó la esencia.

—O sea que se conectó usted con la esencia.

—Sí, di la clave y todo. Entonces ya me llamó el maestro y me dijo: "Estás muy bien ya, es el momento de tu consagración". Y entonces me entregó mi diploma. "De aquí tienes que estar preparado para entregar la esencia de las esencias". Entonces así fui yo, hasta los 10 años.

—¿En alguno de esos 10 años dejó usted su preparación?

—No, yo desde esa vez seguí, seguí, como si yo hubiera ido a la escuela. Cuando no venían las facultades a mí, yo iba a Yautepec.

—¿Y cómo ve usted aquí al señor Campos?

—Pues está muy atrasadísimo. Para hacer uno estas prácticas no debe tomar, y él toma mucho. Hay gente, hay dos señoras que medio saben, pero cuando ya no pueden curar a las personas me las mandan. Entonces yo he pasado una crisis muy fuerte porque vienen sin fuerza.

—Pero usted pertenece al templo.

—Esa es mi cuna.

—¿Y las personas que estaban desarrollando, por ejemplo, la hija de don Ramiro?

—No, ella ya no. Siguen todavía, pero estas gentes van sin el valor del don. Como no confían, no pueden alcanzar. Hay como cinco mujeres que desprendieron y no van consecutivamente, no lo alcanzan.

—¿Desprendieron es que ya el ser les penetró?

—Sí, un ser desarrollado, entonces si deja de ir un mes.

—¿Y qué días hay eso?

—Lunes y miércoles.

—¿Y usted las desarrolla?

—Yo ya empecé, se les dan unos masajes para que estén blanditos para cuando venga la corriente. Que con desarrollo muy preciado y se guía por medio de un aparatito es cuando usted ya está conectado.

—¿Sabe qué me acaba de pasar? Yo estaba sintiendo un ser muy fuerte. ¡Se me metió!

—Sí, yo lo vi.

—¿Lo vio? ¿Usted sabe quién fue, es su protector?

—Puede ser. Pero, si no, es un protector que siempre lo protege a usted.

—¿Y usted sabe quién es?

—Bueno, más o menos. Para mí, el ser que lo protege a usted es Macazehuatl.

—¿Macazehuatl?

—Es Macazehuatl, es un ser muy inteligente y muy bueno.

—¿Y de dónde es él?

—Bueno, seguimos adelante.

—¿Qué es lo que usted llama "esencia"?

—Esencia, para nosotros, decimos que es un ser, un dios que no lo conocemos.

—Pero ¿es un ser o es pura conciencia?

—Bueno, nosotros decimos que es un ser, pero no lo conocemos, pero nosotros sentimos que llega a nosotros y es lo que nos protege.

—Pero ¿es siempre la misma esencia?

—Bueno, la misma esencia, pero son distintas las versiones, es la que en denantes hablamos. Cuando siempre está entregado al mismo aparato no es inteligente.

—¿Hay una imposición?

—Exacto, dio usted en la clave, pero cuando el aparato está entregado, cada cátedra es diferente.

—Oiga, esos templos que están en Yautepec, Tecolapan, en la Ciudad de México, ¿tienen la misma organización? ¿Hay Pedro, hay un guía, un guardián? ¿Cómo es eso?

—Bueno, el guía vamos a poner que somos tres.

—¿Hay tres guías?

—No, uno es guía, otro Pedro y uno es guardián. Entonces vamos a levantar un lugar donde vamos a hacer una meditación que es esa oración, se hace una elevación. Entonces ya vienen las demás, las facultades que empiezan a desarrollar. Esas son las facultades.

—Las que reciben la esencia.

—Ándale.

—Pero ¿el guía quién es? ¿Es el que desarrolla?

—El guía es el que los va a desarrollar, es el que los manda, el que organiza, el que hace todo a lo futuro.

—¿Y el guardián qué hace?

—Bueno, el guardián es una de las bases principales. Es el que cuida que todo vaya bien dentro del recinto.

—¿Usted es el guardián? ¿Usted cuida que todo vaya bien?

—Yo tengo que ver si alguien va y quiere desarrollar y está desarrollando mal, pues yo digo cómo debe desarrollar, por algo soy el guardián. Porque la capacidad se me ha concedido desarrollando, alcanzando por medio de mi trabajo. Por algo soy guardián.

—¿Y luego vienen las facultades?

—Luego vienen las facultades y las columnas.

—¿Cuáles son las columnas?

—Las columnas son las que van y vienen en medio. A que la gente no se duerma. Cuando se duele la gente, es que el diablo está festejando a la persona, el diablo no quiere que escuchemos las palabras de Dios. El diablo es precisamente el que se convirtió en los gigantes. Según nosotros, así es el conocimiento. Se cree porque, cuando hay cosas buenas, viene alguien y descompone las cosas. Este es el propio diablo. Por ejemplo, al compañero a ratos se le introduce algo al espíritu, busca como loco, tiene malos pensamientos, tiene malos humores. Ese es el propio demonio. Y a la persona que anda bien controlada, que está meditando, esa es la persona buena, no necesitamos que Dios baje del cielo, no sabemos si exista o no exista el hombre bueno.

—Yo creo que uno es responsable.

—Usted puede ser su propio Dios, esa es la clave. Usted es responsable.

—¿Y la esencia? ¿Usted cree que la esencia está en usted o es otro ser?

—No, no está en usted. Si usted es bueno, tiene buenos presentimientos, buenas cosas, sabe reunir a las personas, tiene comprensión, es la misma esencia.

—Pero, en su desarrollo, ¿usted cree que lo lleva hacia usted mismo o lo lleva hacia otros seres?

—Al principio pensé que mis desarrollos no venían de mí mismo. Así pensé. Pero cuando yo me fui capacitando, pensé que está muy cerca de nuestro corazón, de nuestras células, de nuestra mente que está funcionando en nuestros pensamientos, es el mismo.

—Nosotros, si servimos como medios, es para nosotros mismos.

—Exactamente.

—No para ningún otro ser. A pesar de que se meta un ser. Pero ¿qué es que se meta un ser?

—Nuestra mente es el buen pensamiento, la meditación divina que existe en nosotros, que entra en nosotros. Y es la que entrega buenas cuentas.

—¿Y qué es eso de Pluma Blanca, Gacela…?

—Bueno, son las tribus que se repartieron en cuanto los faraones, dos grandes sabios.

—Pero, por ejemplo, ¿Benjamín de la Selva es un ser distinto?

—Sí, claro.

—Pero ¿la esencia es de usted?

—Sí, es el mismo, nada más que se distingue por las tribus.

—Pero la esencia está en todo, por ejemplo, Benjamín de la Selva y un ser que haya llegado a la esencia.

—Si ha llegado a la esencia, tiene más sabiduría.

—En otros lugares espirituales, casas de oración, dicen que esos seres espirituales, esa niñez espiritual tiene deseos de evolucionar.

—Bueno, si uno quiere, si tiene deseos de evolucionar.

BIBLIOGRAFÍA

CABRERA DARQUEA, J., *El mensaje de las piedras grabadas de Ica,* Lima: Intisol, 1980.

GRINBERG-ZYLBERBAUM, J., *Brain Coherence Correlates of the Self,* 1984.

______, *Cuauhtemoctzin. Las manifestaciones del ser,* México: Editores Asociados Mexicanos, 1982.

______, *El espacio y la conciencia,* México: Trillas, 1981.

______, *Pachita,* México: Edamex, 1980.

______, "Retrieval of Learned Information. A Neurophysiological Convergence Divergence Theory", *Journal of Theoretical Biology,* vol. 56, núm. 1, pp. 95-110, 1976.

______, "The Orbitals of Consciousness", *Psychoenergetics,* vol. 5, pp. 235-242, 1983.

GRINBERG-ZYLBERBAUM, J.; Carranza, M. B.; Cepeda, G. V.; Vale, T. C. y Steimberg, N. N., "Caudate Nucleus Stimulation Impairs the Process of Perceptual Integration", *Physiology and Behavior,* vol. 12, núm. 6, pp. 913-918, 1974.

GRINBERG-ZYLBERBAUM, J. y Roy John, E., Evoked Potentials and Concept Formation in Man. *Physiology and Behavior,* vol. 27, núm. 4, pp. 749-751, 1981.

THATCHER, R., Comunicación personal, 1984.

AGRADECIMIENTOS

Gracias a mi padre amado, por dejar a la humanidad este regalo tan grande en todos sus textos e investigaciones. Gracias por haber tenido el atrevimiento de ahondarse en lo más profundo y darnos con sus letras una ventana para comprender un poco más nuestra naturaleza.

Gracias por ser uno de los pioneros en la investigación científica de la conciencia.

Gracias, padre, por enseñarme tantas cosas, acompañarme y cuidarme siempre con tanto amor.

Gracias a mi madre por siempre estar presente y siempre recordar a mi padre con respeto y cariño.

Gracias a mis hijas Ixchel y Leilani, por traer dentro esa herencia llena de sabiduría. Gracias por cuidar con tanto amor el legado de su abuelo.

Gracias a Nicolás por ayudar tanto en la recuperación de la obra de mi padre.

Gracias a la música por ser un canal tan sutil de comunicación con mi padre.

Gracias a todos los amigos entrañables de Jacobo.

Gracias a la familia.

Gracias a todos los científicos que han seguido la investigación en sus laboratorios.

Gracias a la UNAM por apoyar siempre el trabajo de mi padre.

Gracias a Penguin Random House por difundir el trabajo de Jacobo Grinberg en esta nueva edición de sus libros.

Gracias a la humanidad por estar llena de luz a pesar de todo lo que hemos y estamos pasando... Somos seres hermosos, parte de este universo que lo es todo... Somos polvo de estrellas.

Gracias, padre, donde sea que te encuentres. Te amo en lo más profundo de mi ser.

Estusha Grinberg

Penguin Random House Grupo Editorial, S.A.U.
Travessera de Gràcia, 47-49
ECZ, 8021
ES
https://www.penguinlibros.com/es/content/1334-seguridad-de-los-productos
seguridadproductos@penguinrandomhouse.com
+34 93 366 03 00

The authorized representative in the EU for product safety and compliance is

Penguin Random House Grupo Editorial, S.A.U.
Travessera de Gràcia, 47-49
ECZ, 8021
ES
https://www.penguinlibros.com/es/content/1334-seguridad-de-los-productos
seguridadproductos@penguinrandomhouse.com
+34 93 366 03 00

ISBN: 9798890987495
Release ID: 156016905

www.ingramcontent.com/pod-product-compliance
Lightning Source LLC
La Vergne TN
LVHW041032150826
845672LV00001B/275

* 9 7 9 8 8 9 0 9 8 7 4 9 5 *